思想教育工作管理与实践研究

熊桂芳　张二华　周小云　著

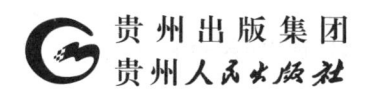

贵州出版集团
贵州人民出版社

图书在版编目（CIP）数据

思想教育工作管理与实践研究 / 熊桂芳，张二华，周小云著 . -- 贵阳：贵州人民出版社，2024. 8.
ISBN 978-7-221-18480-1

Ⅰ．D64

中国国家版本馆 CIP 数据核字第 20247R5V73 号

SIXIANG JIAOYU GONGZUO GUANLI YU SHIJIAN YANJIU

书　　名	思想教育工作管理与实践研究
著　　者	熊桂芳　张二华　周小云
出 版 人	朱文迅
策划编辑	龚　璐
责任编辑	杨雅云
装帧设计	周书意
出版发行	贵州出版集团　贵州人民出版社
地　　址	贵阳市观山湖区中天会展城会展东路SOHO公寓A座
印　　刷	河北文盛印刷有限公司
版　　次	2024 年 8 月第 1 版
印　　次	2024 年 8 月第 1 次印刷
开　　本	710 毫米 × 1000 毫米　1 / 16
印　　张	10
字　　数	165 千字
书　　号	ISBN 978-7-221-18480-1
定　　价	38.00 元

如发现图书印装质量问题，请与印刷厂联系调换；版权所有，翻版必究；未经许可，不得转载。

前　　言

　　思想教育工作，作为塑造个体思想品质、传承社会价值观念的核心手段，一直都受到社会各界的高度重视。它不仅关乎个人的成长与发展，更是社会文明进步的重要基石。在我国这片古老的土地上，思想教育工作承载着弘扬民族精神、培养社会主义核心价值观的崇高使命。它像一盏明灯，照亮人们前行的道路，引领着人们树立正确的世界观、人生观和价值观。随着时代的进步和社会的快速发展，思想教育工作也面临着前所未有的挑战和机遇。在信息化、全球化的时代背景下，各种思想观念、价值观念交织碰撞，使得思想教育工作更加复杂和艰巨。但与此同时，也为思想教育工作提供了更为广阔的舞台和更多的可能性。

　　本书围绕"思想教育工作管理与实践研究"这一主题，以思想教育工作基础为切入点，由浅入深地阐述了思想教育的目的与任务、特点与功能、过程与发展等，并系统地论述了思想教育工作载体与空间建设，包括思想教育的微载体效用、生活化载体、生态机制构建、公共空间建设等内容。此外，本书对思想教育课程教学管理、思想教育工作的保障管理等进行探索，全面诠释了思想教育工作的主题。本书内容翔实、条理清晰、逻辑合理，兼具理论性与实践性，适用于从事相关工作与研究的专业人员。

　　本书力求简洁明了、逻辑严密，既注重理论阐述的深入，又关注实践应用的具体性。我们采用通俗易懂的语言，结合丰富的案例和实践经验，使读者能够轻松理解并掌握思想教育工作的核心内容。同时，本书还注重创新性和前瞻性，结合当前社会发展的新趋势和新问题，对思想教育工作进行了深入探讨和研究，为读者提供了前沿的学术观点和实践经验。

　　本书的写作得到了许多专家学者的帮助和指导，在此表示诚挚的谢意。希望读者多提宝贵意见，使之更加完善。

目　　录

第一章　思想教育工作基础 ………………………………………… 1
第一节　思想教育的目的与任务 ……………………………… 1
第二节　思想教育的特点与功能 ……………………………… 3
第三节　思想教育的过程与发展 ……………………………… 8
第四节　思想教育工作与学生素质提升 ……………………… 14

第二章　思想教育工作载体与空间建设 …………………………… 18
第一节　思想教育的微载体效用 ……………………………… 18
第二节　思想教育的生活化载体 ……………………………… 22
第三节　思想教育的生态机制构建 …………………………… 29
第四节　思想教育的公共空间建设 …………………………… 35

第三章　思想教育课程教学管理 …………………………………… 41
第一节　思想教育课程的内容建设 …………………………… 41
第二节　思想教育课程的教学方法管理 ……………………… 43
第三节　思想教育课程的课堂教学技能解析 ………………… 51
第四节　思想教育课程与心理健康教育的融合 ……………… 58

第四章　思想教育工作的保障管理 ………………………………… 63
第一节　思想教育工作的激励管理 …………………………… 63
第二节　思想教育工作的校园环境保障 ……………………… 72
第三节　思想教育工作的教学资源保障 ……………………… 77
第四节　思想教育工作的教师队伍保障 ……………………… 81

第五章　德育工作实践的要求与挑战 ……………………………………… 85
  第一节　德育工作的要求与途径 ……………………………………… 85
  第二节　德育工作面临的挑战与创新机会 …………………………… 93
第六章　思想教育中道德与法治课程理论探索 ………………………… 99
  第一节　道德与法治课程中的爱国主义教育 ………………………… 99
  第二节　道德与法治课程中的社会责任意识教育 …………………… 122
  第三节　道德与法治课程中学生法治意识的培育 …………………… 141
结束语 ……………………………………………………………………… 148
参考文献 …………………………………………………………………… 149

第一章　思想教育工作基础

新时代以来的学生思想教育的教育目标、教育内容及教育环境都发生了深刻的变化。本章研究思想教育的目的与任务、思想教育的特点与功能、思想教育的过程与发展、思想教育工作与学生素质提升。

第一节　思想教育的目的与任务

一、思想教育的目的

思想教育目的，是指通过思想教育活动，使受教育者在思想和行为方面达到期望的结果。换言之，思想教育的目的是教育者按照社会发展的要求和受教育者精神世界发展的需求，对受教育者思想品德质量的一种期望和规定。思想教育目的是开展各项思想教育活动的依据和动力，体现出思想教育的价值取向。

思想教育目的不是单一的，而是集合的，是一个目的体系，可以依据一定标准从不同角度对其进行分解，将其分为不同的类别和层次。

思想教育目的按作用范围可以分为总目的和类目的，如思想教育目的、政治教育目的、法纪教育目的、道德教育目的等，每一类还可以再进行细分。

思想教育目的按作用对象可以分为个体目的和社会目的。个体目的是指通过教育活动在教育对象个体思想和行为方面所期望达到的结果；社会目的是指通过教育活动在全体社会成员思想和行为方面所期望达到的结果。

思想教育目的按时限可以分为远期目的、中期目的和近期目的。远期目的是指经过长时期的持续努力方能达到的思想教育目标；中期目的是指需要经过较长时间的努力才能实现的思想教育目标；近期目的是指思想教育当前所要达到的预期效果。

二、思想教育的任务

从总体上看，思想教育任务可以分为三个层次：根本任务、一定时期的主要任务、具体任务。这三个层次的任务相互联系、相互影响。根本任务贯穿于不同时期、不同领域的思想教育中，起着统领作用，它规定着主要任务和具体任务的方向；具体任务和主要任务的完成，又推动着根本任务的完成。可见，根本任务是思想教育任务中的主要方面，存在以下三个主要任务目标：

（一）全新定位思想教育

思想教育的根本目标是促进人的全面发展，学校立德树人凸显的是思想教育发展的战略目标，这一点是不可动摇的。明确思想教育目标对增强学校立德树人的科学性、实践性，具有举足轻重的作用。

立德树人是基于历史方位，发挥时代感召力和引领力，以培育时代新人的思想觉悟与提高人的综合素质为落脚点。立德树人的目标，不仅是立社会主义的德，而且是树社会主义的人，是对思想教育的具体化、详细化，二者的根本宗旨是一致的，是理想和现实的有机统一。

思想教育之所以越来越富有生机和活力，就在于其能不断满足价值主体的发展需要。长期以来，我国对学生的思想教育关注度极高，目的就在于传授既定的社会规范和价值观念，使学生服务于社会的价值系统，并不断提高学生的综合素质，使得新时代学生思想教育彰显其科学性、发展性以及创新性，永葆生命力。

学校思想教育反映了当今社会发展的精神实质，时刻紧扣时代主题，充分把握立德树人、铸魂育人的指导思想，实现学生思想道德素质和全面发展需要的有效满足，让学校学生在综合素质中成长成才、筑梦腾飞。

（二）学校发展的立身之本

立德树人作为学校生存与发展的根本遵循，对未来学校的创新性发展具有导向作用，也是学校持续发展的硬性指标。学校的功能随着时代的发展变化而逐步拓展，但培养具有崇高道德水准和高素质的人才这一基本功能和中心任务始终没有变。

新时代学校就应该坚持中国的特色，扎根中国大地，突出学校办学的特色，不仅要在学科、教学、科研方面展现硬特色，还要在校风、学风、教风等方面体现软特色，把立德树人的成效作为检验学校发展的基本标准，以文化人、以德育人，以中国梦激励青春梦。

(三) 人才培养

"加快建设国家战略人才力量，努力培养造就更多大师、战略科学家、一流科技领军人才和创新团队、青年科技人才、卓越工程师、大国工匠、高技能人才。"[①]

学校要将育人和育才统一起来，通过教育来塑造人、发展人，将立德、树人的终极关怀贯穿到教育全过程。学校要把立德树人作为人才培养的根本任务，纳入人才培养的全过程，通过开展教育教学发展工作，突破封闭的人才培养模式的束缚，实现人才培养模式的开放性，运用一切社会资源，把教育教学和社会服务与地方经济社会发展需要对接起来，积极引导学生学习和解决成长过程中出现的新问题和新情况，切实做到人才培养融入学生学习的各个环节，帮助学生树立科学的成才目标，发掘成才的潜力和形成成才所必需的文化素质，让学生在各种优质的教育服务中立德践德。

第二节 思想教育的特点与功能

一、思想教育的特点

(一) 开放性

全球化是当今时代的重要特征和必然趋势。全球化时代的教育是一种开放式教育，在这一背景下，学生思想教育无论是环境、过程，还是内容的开放性越来越显著。思想教育的开放性表现在以下方面：在中外政治、经济

---

① 李晓鸥，苗园园.工匠精神融入大学生思想教育工作路径[J].交通企业管理，2024，39(01)：97.

—3—

和文化交流活动日益频繁的形势下,不同国家的思想教育可以求同存异和相互借鉴;学校教育和社会之间的界限逐渐变得模糊起来,学校思想教育更加贴近社会实际生活;学生自觉地把自己融入社会中去,各种社会思潮在当代学生身上有不同程度的表现;学校的改革和发展必须接受市场的检验和选择,学校和社会之间共生互动的新格局正在形成。学校思想教育只有与全球教育发展的历史趋势相适应,与社会主义市场经济建设的进程相协调,与当代学生的全面发展相结合,发扬与时俱进和求真务实的精神,才能永葆生机和活力。

(二)信息化

信息技术使人类的物质文明、精神文明和政治文明发生着巨大而深刻的变迁。信息生活成为日常生活的重要组成部分,并全方位地改变着学生的生活方式、思维方式和价值观念,随着网络互动平台类型的不断增加,学校思想教育的开展模式也在逐渐丰富。思想教育信息化是时代发展的客观趋势,也是思想教育创新的必然举措。

(三)创新性

创新是历史进步和人类自身发展的永恒动力,创新精神是时代精神的集中体现。学生思想教育的创新包括观念、内容、方法、手段、机制等方面,通过上述方面的创新,目的是实现思想教育由传统向现代的全面转型。在教育观念创新上,要实现封闭式教育向开放式教育转变,由补救式教育向前瞻式教育转变,由隐性教育向显性教育转变,由模式化教育向个性化教育转变;在教育内容创新上,要加强全球化教育、创新素质教育、人文素质教育和个性化教育;在教育手段创新上,要充分利用现代教育技术发展的成果整合思想教育资源,实现思想教育的科技化;在教育方法创新上,要把灌输法和体验法相结合,他教法和自教法相结合,激励法和人格法相结合,传统教育法和现代教育法相结合;在教育机制创新上,要建立科学的管理机制、充分的保障机制、有效的激励机制和全面的评估机制。

(四) 人文性

现代化的关键是人的现代化，社会主义的本质是人的全面发展。以人为本的科学发展观的提出，标志着我们党对人类社会发展规律认识得更加自觉，这对新时期各项工作都具有重要的指导意义。对学生来说，思想教育是学校课程的重点课程，思想教育已经树立了以学生为本的观念，把教育学生和关心学生结合起来，把塑造学生和服务学生结合起来，把校园文化建设和学生的健康成才结合起来，紧密围绕学生的成长和成才来进行，这充分反映出对学生的人文关怀，体现出人文性的特点。

二、思想教育的主要功能

(一) 个体功能

1. 个体的生存功能

思想教育的个体生存功能是指它在引导人类个体遵循客观规律，服从生存法则以求得更好的生存状态的过程中所发挥的作用。人的生命活动不同于动物的本能活动，人是能动的社会存在，实践是人类不同于动物的社会生命的特殊运动形式，是人类的存在方式。正是在实践活动过程中，人才成为一种自我创造的主体性存在。一般来说，人既生活在物质世界中，也生活在精神世界中。人为了生存，就必须满足基本的生理需要，在此基础上，才能去追求更高层次的心理需要和精神需要的满足。这就是说，人的基本需要是人的高层次需要（如自尊、求知求美、自我实现等）的基础，没有健康的生命，崇高的道德精神就缺乏现实的物质前提；对德行的追求离不开个体生命物质需要的满足。可见，物质需要的满足，既是人生存的基本要求，也是人全面发展的基础。

人自身的生存需要，决定了人具有追求物质利益的欲望。思想教育应尊重和理解人的这种追求，通过促进物质文明的发展，不断改善人的生活条件，提高人的生活质量，最大限度地满足人们日益增长的物质生活需要。人既具有自然属性，又具有社会属性，人的物质需要固然十分重要，精神需要也是不可或缺的，这是人的社会性特征的重要表现。人的社会属性决定人是一种超越性存在，人就是在这种超越中不断从动物性存在提升到人性存在，不断提高自己的生存质量，不断提升人性发展的层次和境界。因而，人的意义世界绝不限于自己活着，人所追求的应该是比自己活着更有意义的事情，并用这样的意义世界去引导和规约其他的物质世界。因此，思想教育不能仅仅停留在对人的物质需求追求的尊重上，而应引导人们实现从功利物欲到精神境界的升华，努力提升人的精神品质。

2. 个体的发展功能

思想教育的个体发展功能是指思想教育对塑造人的品德、促进人的发展所起的作用，主要体现在以下方面：

（1）引导方向。运用启发、动员、教育等方式，将受教育者的思想和行为引导到符合社会发展要求的方向上来，即通过丰富多彩的活动及其他方式，提高受教育者的思想道德素质，促使受教育者保持坚定正确的方向。具体说来，对受教育者的引导可从三方面进行：①目标导向，即确定明确而具体的奋斗目标，引导受教育者向目标前进；②政策导向，主要是对受教育者的思想和行为进行引导，提高其认识，规范其行为；③舆论导向，即利用赞赏、激励、批评、监督等手段，营造良好的舆论氛围，对受教育者的思想和行为形成一种强大的导向力、约束力。通过这三方面工作，思想教育就能较好地引导受教育者的思想向社会要求的方向发展。

（2）约束规范行为。思想教育通过向受教育者传导法律、道德等社会规范，通过肯定、褒奖符合社会规范的行为，否定、批评背离社会规范的行为，就能较好地实现对受教育者行为的规范和约束。规范和约束受教育者行为的功能是思想教育的重要功能，思想教育要帮助受教育者形成正确的法治观、道德观，引导受教育者自觉遵循法律规范和道德规范，在社会规范允许的范围内从事创造性的活动。

（3）激发精神动力。思想教育的激励功能体现为运用多种激励手段，充分调动教育对象的积极性、主动性和创造性，促使其积极参与中国特色社会主义建设。人的积极性与人的需要密切相关，需要越强烈积极性就越高。人的需要包括物质需要和精神需要，因而激励可从总体上分为物质激励和精神激励两大类，它们对人的激励作用都是不可或缺的。

（4）塑造个体人格。思想教育的重要功能在于塑造社会成员个体健全的人格，使受教育者形成崇高的精神境界和健康的心理品质，成为合格的社会成员，以积极主动地参与社会生活。

（二）综合功能

1. 经济功能

思想教育的经济功能是指思想教育通过调动教育对象的积极性，促使其主动参与经济活动以促进经济又好又快发展的作用。概括地说，思想教育的经济功能主要表现在以下方面：

（1）思想教育是经济建设坚持社会主义性质和方向的可靠保证。物质生产本身没有阶级性，但生产力总是同一定生产关系相联系，经济基础总是同一定上层建筑相联系的，因而物质生产的发展也有方向问题。从人类文明发展史来看，任何一个社会的统治阶级，都必然以本阶级的思想体系和理念影响社会的物质生产，规定经济发展的方向。

（2）思想教育是营造经济建设发展的和谐社会环境的重要手段。物质资料的生产是人类社会生存的基础，人类历史就是物质生产发展的历史。而为了更好地进行物质生产，人们之间必然要建立某种联系或关系。为了维系人们之间的这种联系和关系，并使之处于和谐状态，就需要对人们之间的关系进行协调。而对这种关系的协调，除了依靠法律等手段外，还需要依靠思想道德规范。

（3）思想教育是推动社会生产力发展的精神动力。生产力是人们解决社会同自然矛盾的实际能力，是人类协调和改造自然使其适应人类需要的客观物质力量。生产力的基本要素主要包括物的要素和人的要素。

2. 社会功能

思想教育的社会功能是指思想教育通过培养具备良好思想素质的受教育者以推动社会发展的作用，具体表现为传导主导意识形态，调节社会精神生产。统治阶级要使自己的思想成为占统治地位的思想，就必须加强对社会成员的思想教育，以使其思想在社会中占主导地位，进而调节社会的精神生产。在我国，思想教育通过统一人们的思想，整合社会的精神生产要素，从而实现对精神生产的导向和调节。

3. 文化功能

思想教育的文化功能指的是它对社会文化及其发展所发生的作用。从文化的运行过程来看，思想教育的文化功能包括文化传播功能、文化选择功能、文化创造功能等。

4. 生态功能

思想教育的生态功能是指通过思想教育帮助受教育者形成生态意识和生态价值观念，并以此指导自身行为，从而推动生态文明建设的独特作用。具体来讲，思想教育的生态功能表现在以下方面：

思想教育的生态功能是一种重要的教育形式，它的目的是培养受教育者通过对生态环境的认知和关注，进而形成积极的生态意识和生态价值观念。通过思想教育，人们能够深刻理解生态环境对于人类的重要性，认识到人与自然应该和谐共生，意识到自身的行为对于生态系统的影响，以及对未来时代的责任。

第三节　思想教育的过程与发展

一、思想教育的系统过程

（一）思想教育过程的基本特性

思想教育是一个相对独立的过程，具有如下特性：

第一，社会性。思想教育既有自然因素，又有社会因素，是一个社会性的系统工程。因此，人们必须充分重视社会环境对思想教育的制约和影响，处理好二者之间的关系。

第二，系统性。思想教育是一个复杂的系统过程，由许多分系统和子系统构成。从教育机构上看，有中央、省、市、县、乡各个部门；从教育对象上看，有工、农、兵、学、商各行各业；从教育过程上看，有发现思想问题、分析思想问题、制订教育方案、科学组织实施、解决思想问题和检查总结等阶段。

第三，实践性。思想教育是一种社会实践活动。它是根据人们在社会生产和生活过程中产生的思想问题，有目的、有计划、分步骤进行的。

第四，集体性。思想教育主要是在各种不同集体环境中进行的。即使是个别思想教育，也离不开集体的帮助和影响，要受到集体的监督、评价和表扬。

第五，多端性。人们思想觉悟的提高是多因素制约和影响的结果，不但需要各个方面的帮助，而且受到家庭、集体和社会等各方面的影响，需要从物质、精神等各方面来进行教育。

第六，长期性和反复性。社会是发展的，人们思想的斗争是复杂的、长期的。因此，思想教育不可能一蹴而就、一劳永逸，它要根据社会的发展、人们思想的变化而长期存在，是一个不断循环往复的过程。这种反复并不是内容和方法的简单重复，而是根据新情况、新问题，采取新方法、新手段，结合新内容，进行反复教育和感染、熏陶。

第七，个性发展和有效控制相结合。思想教育既鼓励个性发展，又严格要求用思想体系教育，引导受教育者沿着正确方向发展，控制其思想和行为防止向错误方向发展和演变，从而培养个性成熟的、全面发展的新型人才。

第八，科学灌输和自我教育相结合。思想教育不但强调科学灌输，而且重视自我教育，注意发挥受教育者的主动性、积极性和创造性。

(二) 思想教育过程的主要阶段

1. 发现思想问题阶段

发现思想问题是思想教育工作的起点。在发现思想问题这个阶段，思想教育工作者主要是根据各方面信息，通过有效的方法和手段，全面地、准确地、及时地了解受教育者的思想情况和各种行为表现，为制订思想教育计划奠定良好的基础。

发现思想问题，实际上是广泛了解思想教育有关的各种社会信息，这里既有广大受教育者对经济、文化、教育、科技的建议，也有对人口、外交、民主、物价、治安、环保、分配的关心等，范围十分广泛。全面、准确地掌握这些信息，可以更好地了解广大受教育者的所想、所思、所爱、所恨、所求，发现和纠正工作中的缺点和失误，要因人而异。发现思想问题，可以从以下方面着手：

（1）寻找共性问题。注意广大受教育者的思想倾向性，在思想问题处于萌芽时期，就应及时掌握，迅速采取有效措施加以解决，防止向坏的方向发展，尤其要注意每个正式组织和非正式组织成员的思想变化状况。

（2）注意个体思想问题。因为共性寓于个性，没有个性，就无所谓共性。不能用共性问题代替个性问题，因为每个人的情况不同，所以对待同一事物、同一问题，往往也会有不同的观点和看法。因此，要努力做到因人而异。同时，注意深入实际，采取调查研究、科学预测、系统分析、纵横对比等科学方法，保证思想信息的全面性和准确性。

2. 分析思想信息阶段

发现思想问题是为了获得思想信息。但是分析思想信息这一阶段所获得的信息是一些未经过系统分析、归类、整理的基本素材。对于这些思想问题的产生、形成、发展、变化和特点、本质、存在范围、程度和解决的方式、方法还不明确。因此，仅凭这些还无法做好思想教育工作，获得思想信息之后，下一步就要进行思想信息分析，即对前一阶段收到的各种思想信息进行系统分类整理、解剖分析、去粗取精、去伪存真、由此及彼、由表及里，找出规律性的认识。分析思想信息是前一阶段的总结，是后一阶段的准备和基础，是思想教育工作的重要步骤之一，起着承前启后的作用。

（1）分析思想信息的主要方法。分析思想信息，是一项难度较大的工作，必须采取科学的方法和手段。其常用方法如下：

第一，定性分析法。进行质的分析，把同一性质的问题归为一类。在归类排队时，要注意全面、客观，不能先入为主，不混淆两类不同性质的矛盾，努力做到实事求是，定性准确。

第二，定量分析法。定性问题解决后，还要进行定量分析。在分析中要运用现代方法和手段，计算出思想问题存在的范围和所占的比重，分清是主流还是支流，是多数还是少数，把握受教育者思想变化的趋势，为下一步思想教育决策提供科学依据。

第三，因果分析法。因果分析法即研究思想问题产生的主观原因、客观原因、具体环境、社会条件、历史背景等，并科学分析思想问题的后果和影响，找出它们之间的必然联系。

第四，趋势分析法。趋势分析法即在掌握大量思想信息的情况下，分析思想变化的发展方向和特点。采取趋势分析法对于预测思想变化，解决思想问题，防止矛盾激化是行之有效的，在预测分析时也必须采取科学方法和手段，坚持科学原则。

(2) 分析思想信息的注意事项。分析思想信息，还应注意以下问题：

第一，环境的影响。现代社会是信息社会，随着科学技术的发展，互联网的普及，信息传递日益迅速发展，人们不用出门，就可以看到远在万里之外的美国洛杉矶的比赛，全球联系日益一体化。世界局势的发展，影响着人们的思想和行动。因此，必须充分重视国际大环境的影响，适时科学引导，防止向坏的方向转化。分析思想问题，还应该考虑到工作环境、生活环境、人际关系等诸多因素，综合分析和考察，防止片面性。

第二，人们思想行为的变化方式。深入分析和研究受教育者思想行为的变化方式，对于提高思想教育的针对性和有效性，具有十分重要的意义。因为人们的思想行为受多种因素的制约和影响，所以其变化形式也多种多样。榜样激励式，即在榜样的激励下，产生某种思想，发生某些行为；领导者对人们的影响是很大的，他既可能是正激励，也可能是负激励。自我转化式，即在外因的影响下，经过长期的自我修养，逐渐提高了思想觉悟，向好的方向转化。自我转化式这种方式也有两面性，在一定条件下，也可能向坏的方向转化。

3. 解决思想问题阶段

解决思想问题阶段是对思想教育方案的贯彻落实，是对广大受教育者进行直接的、具体的教育过程，是用来教育人、启发人、鼓舞人和激励人的，是正确思想与错误思想，先进思想与落后思想的斗争过程，是一个借助外部条件，促使内因向好的方向转化的过程，是受教育者思想品德形成的重要阶段。

实施思想教育，解决人的思想问题，不但要注意思想教育的主体、客体和环境等多种因素的相互影响和作用，而且要注意受教育者思想品德的发展规律和过程。从一定意义上讲，受教育者思想品德的培养和提高，也就是培养受教育者知、情、意、行的过程。

(1) 知，指受教育者对思想道德品质的认识水平。知是人们对是非、善恶、美丑、荣辱的认识、判断和评价。正确的认识是正确行为的先导，是高尚品德和道德行为的思想基础和内在动力。部分人的错误言行和不道德行为，就是因为缺乏这方面的知识、修养所造成的。因此，在思想教育过程中，应特别注意提高受教育者的认识水平，使他们懂得真、善、美与假、恶、丑，培养他们的道德情操。

（2）情，使受教育者产生深厚的感情。情表现为人们对周围的人和事物的态度，它对人们的行为起着重要的调节作用。感情也具有两极性，表现为积极与消极的对立性质。

（3）意，培养受教育者的意志。意是人们实现理想、完成任务，战胜困难和挫折的毅力，是取得事业成功的巨大动力。在思想教育中，不但要培养受教育者树立远大的理想，还要有不怕挫折和失败，为实现这一伟大理想而奋斗的顽强意志。一个具有坚强意志的人，必须树立崇高的理想，具有坚定的信念，为实现这一目标不怕任何艰难险阻，不达目的誓不罢休，经得起任何形式的考验，具有较强的自觉性、自制性和坚韧性。

（4）行，培养受教育者的行为。行是人们在一定的认识、感情的支配下所表现出来的具体行动，是知、情、意诸要素相互作用和影响的结果。评价一个人，不但要听其言，还要观其行。

4. 检查总结阶段

检查总结阶段，是思想教育过程的一个重要环节，是思想教育周期的结束阶段。检查总结阶段对于加强和改进思想教育工作具有十分重要的意义。检查总结阶段的主要任务是检查思想教育计划的执行情况：思想教育主体的工作情况，受教育者思想觉悟的提高，教育内容的安排，方式方法的选择，组织实施的过程，教育目的实现程度等，经过认真分析、总结经验教训，评选出思想教育的先进集体和个人，为制订新的思想教育计划提供科学依据，推动思想教育工作的深入开展。在检查总结阶段，应注意以下问题：

（1）检查的标准要客观、全面、科学。注意思想教育效果的综合性、整体性，既看物质成果，又看精神成果。目前，部分单位重物质、轻精神，只要盈利多就一好百好的做法是较为片面的，必须加以纠正。同时，也要注意思想教育效果的对比性。

（2）辩证地看待思想教育效果。在检查中，只要受教育者有了进步，就应该肯定和鼓励。在检查中要既看现象，又看本质。看广大群众的思想觉悟是否有所提高，社会风气是否有所好转，是否促进了各项工作的开展。

（3）了解的信息要全面、准确。在检查中既要看成绩，又要看缺点，防止先入为主，偏听偏信。认真听取各方面的反映和意见，深入群众中进行调查了解。

（4）做好评比，抓好典型。要有科学的评比条件、程序和方法，并公开进行，由大家共同监督，做到客观公正。同时，还要大力宣传和关怀、培养先进典型，不拔高、不隐过，推动思想教育工作的深入开展。

（5）做好反馈。对经验要系统总结，使之条理化、系统化，必要时可以用制度固定下来，逐步加以充实和完善；对于工作中的失误，也要认真总结，提出改进措施；对于没有解决的问题，分类排队，做好记录，以便日后处理。这样一来，才能不断提高思想教育的科学性，增强其教育效果。

总而言之，思想教育是一个完整的系统过程。前一个阶段结束，后一个阶段开始，如此循环往复，推动着思想教育活动的健康发展。深入研究和了解这些阶段，对于遵循思想教育规律，提高思想教育的自觉性和主动性，培养和造就新人具有十分重要的意义。

二、思想教育的发展变革

科技的发展必然导致思想教育的变革。社会生活的内在逻辑是，科技的重大发展改变了生产力，因而改变了生产方式，也因而改变了生活方式，从而改变了社会关系，改变了社会的精神世界。因此，人们应该根据科技发展的时代趋势去认识思想教育的变革方向。

(一) 思想教育发展的意义

第一，减少思想教育的现实迟滞，增强适应未来的主动。在社会发展加快的时代，思想教育者若跟不上客观形势的发展变化，会出现思想教育的滞后状态，从而延缓历史的进程，向前看是改变教育滞后的有效办法。

第二，启迪思想教育的自身转变。是以过去经验来指导现实，还是以未来可能性来指导现实，这是古代人与现代人的分界线，思想教育者要有勇气实现这种思维方式的转变，克服思想教育的经验化、模式化倾向，克服自身的思维惰性。为了提升适应未来的自觉性，就应该积极推动思想教育自身内在的革命。

第三，增强引领新潮的主动。思想教育的基本品性应该是对时代的主动适应，对未来的前瞻，这也是思想教育的魅力所在，而这种主动性源于思想教育者对时代走向的准确把握。思想教育者应该高瞻远瞩，展望未来，敢做新思想的引导者。

(二) 思想教育发展的特征

第一，功能增大，作用强化。思想教育是时代发展的催化剂、助动力，因此，思想教育将活跃于社会生活的各方面，其外延弥散性凸显，而相应的思想教育影响面趋广，时空辐射力强化。

第二，独立性趋强，外部干预减弱。思想教育随着其科学品位的不断提升，呈多元性态势，其独立性不断强化，与之相应的是工具性色彩不断减弱。

第三，复杂性趋高，变速加快。人们生活在快节奏的生活氛围里，生活进程中的不定性增强，新问题增多，因此，在思想教育中，丰富性要求与快速反应性需要进一步强化，因而，思想教育的复杂性与难度也将随之加大。

第四，活动规模趋大，视野开阔。由于信息化的高新技术广泛应用，思想教育正逐步形成社会化、国际化的大工程，呈现出超时空的教育走向。

第五，融入社会生活。思想教育将更加深入地走向生活世界，与教育、文化、传播事业以及管理、生产融为一体，从而使其张力性强化。

第六，目标趋实，价值性增强。思想教育将更贴近人生，贴近实际，更为人们所需要，从而将更加增强人们对思想教育的价值性感受，因而也更为人们所欢迎，更易为人们所接受。

第四节 思想教育工作与学生素质提升

一、学生的思想道德素质

道德是人们共同生活及行为的准则、规范，本质上是每个社会成员的思想意识形态。学生作为构成我国当前社会的一个整体，其道德素质是我国社会主义精神文明程度的一个标志。因此，学生的道德素质问题，越来越成为一个国家、一个民族未来发展的重要因素。全面推进学生的道德素质教育，是我国教育事业的一场深刻革命。一般来说，学生的素质是由身体素质、智能素质和道德素质相结合的统一体。其中，道德素质在整个体系中处于最高地位，在学生今后的发展中起着潜移默化的作用。

（一）学生思想道德素质的主要内容

第一，思想素质的内容。思想素质包括辩证唯物主义、历史唯物主义、发展观点、实践观点、实事求是的思想路线以及具备民主精神、法治意识、竞争意识、科学态度、与时俱进的理论品质等一系列现代观念意识。思想素质综合性体现在一个学生所具备的世界观、人生观和价值观上。

第二，政治素质的内容。政治素质是学生在思想素质作用下对国家、对社会制度、对宪法等所抱有的态度，叫表现出不同的政治立场、政治方向、政治观点。具体来讲，政治素质包括爱党、爱国、爱人民的感情。政治素质往往在具体问题上表现出一个学生的理想、信念、立场、观点和态度。

第三，道德素质的内容。道德素质是学生在社会生活中自觉遵守社会道德规范的素质，即对社会主义道德的认知和实践的反映。具体来讲，道德素质包括以为人民服务为核心，以集体主义为原则以及社会公德、职业道德、家庭美德、诚实守信等社会主义道德基本原则和内容。爱国守法、明礼诚信、团结友善、勤俭自强、敬业奉献是学生必须具备的基本道德素质。

（二）学生思想道德素质的主要特点

学生思想道德素质的特点是目的性、时代性、层次性、综合性。

第一，目的性。思想道德素质教育是为一定的政治、经济服务的，一切淡化、弱化思想道德素质教育的做法，实际上都是对其内容的否定或更改，其本质不过是为了另一种不同的目的而已。强调目的性的原因，在于认识思想道德内容时不会迷失方向或转移方向。

第二，时代性。思想道德素质的内容是时代的产物，它与当代政治、经济、文化的发展要求紧密联系，因而强烈地体现出时代感。强调时代性的目的在于认识时代的特点、时代的要求，明确当代学生应具备的思想道德，自觉地成为时代进步的开拓者。

第三，层次性。思想道德素质的层次性体现在具体内容的有序性上。思想道德素质以系统状态存在，在系统中由各所属要素组成子系统，以及子系统的子系统，从而体现出系统的层次性。

第四，综合性。思想道德素质的内容及其各要素，通过层次性关系构成思想道德素质内在的整体性，并发挥整体的最佳功能。这种最佳功能体现了思想道德素质的综合性特点。强调综合性特点的目的在于重视思想道德素质的各项内容及其各要素都应协调发展不可偏废。

二、思想教育工作对学生素质培养的重要性

（一）思想教育是学生素质教育中不可或缺的教育内容

素质是一个人在社会生活中思想与行为的具体表现，也是后天形成的一种生活习惯。而素质教育是以提高民族素质为宗旨的教育，是依据国家的教育方针着眼于受教育者及社会的长远发展的要求，以面向全体学生、全面提高学生的基本素质为根本宗旨，以注重培养受教育者的态度、能力，促进他们在德、智、体、美、劳等方面活泼和主动地发展为基本特征的教育。

依据国家对教育工作的要求，学校必须将德、智、体、美、劳等教育有机结合起来，贯穿于教育的整个过程当中，使各方面的教育相互协调、共同发展，保证学生健康成长，综合素质能够得到全面发展和提高。思想教育是素质教育中不可或缺的组成部分，并在素质教育中发挥着重要的作用。离开了思想教育，将无法真正实现学生德育，我们的素质教育必将是不全面的，难以形成系统教育。

因此，思想教育在素质教育中是必不可少的，思想教育的好坏，不仅影响着学校的教育质量，而且对学生综合素质的培养及未来发展，甚至是我国素质教育的成败都产生着重要的影响。

（二）思想教育是学生素质教育的核心

教育部门要求各类学校要加强学校的德育。国家领导人也多次强调，思想教育是最重要的素质教育内容，要始终将正确的政治方向放在教育的首

位。把思想教育作为素质教育的核心是由以下方面决定的：

第一，把思想教育作为素质教育的核心是由我国的人才培养目标决定的。在我国，素质教育要培养的人才是德、智、体、美、劳等全面发展的人才。由此可见，德育是处于首位的，素质教育首先要培养德才兼备的建设人才，而不能只注重智育。

第二，把思想教育作为素质教育的核心是由思想教育的本质特性决定的。思想教育的本质就是提升学生的道德素质，而道德素质是综合素质中最重要的、最根本的素质，是中华民族精神的重要组成部分。

第三，把思想教育作为素质教育的核心是由思想教育的任务决定的。思想教育的主要任务很明确，就是帮助学生建立正确的三观，树立建设中国特色社会主义的坚定信念，还要始终不移地坚持正确的政治方向。

(三) 思想教育在学生素质教育中发挥着导向作用

在素质教育中，思想教育很关键，也很重要，对素质教育起着引领、导向的作用。一个人具备较好的思想教育素质，必然会对其他素质的提高起到积极的促进作用，学生能够坚持正确的发展方向，具备高尚的道德情操，能够明确分辨是非对错，就相当于具备了强大的免疫功能，对那些腐朽思想、文化的侵蚀能够轻松抵制，对国内外的文化进行正确分辨。一个人在具备了良好的思想道德素质后，才会在正确的道路上走得更稳、更远，才会具备强大的精神动力去面对生活中的各种挑战和困难。

与此同时，思想教育对学生的心态建设也发挥着积极作用。当今社会，积极健康的心态对个人的发展起着重要作用。通过思想教育，学生可以在提升自己品德修养的同时，培养自己坚强的意志力和百折不挠的顽强精神，以及应对竞争和挫折的强大心理素质。

第二章　思想教育工作载体与空间建设

在新时代信息化的环境中，思想教育融入新的教育思想和教学方式、教育工具。本章研究思想教育的微载体效用、思想教育的生活化载体、思想教育的生态机制构建、思想教育的公共空间建设。

第一节　思想教育的微载体效用

一、主动融入与积极创造

（一）教育者对学生的认识和研判更加深入

当前教育者正逐渐改变对互联网的看法，即不再仅将其视为一种工具，只看到其工具性，而是更多地将其视为一种存在，更多地看到其文化性，并且选择积极融入网络，在这样的认识转变过程中，经历了从用网络、进网络到在网络的转变。鉴于互联网的深度发展和对学生的深刻影响，教育者已经能认识到学生的深度网络依存状态，他们不仅积极活跃于各个应用平台，而且几乎全天候在线，随时参与网络活动，进行网络行为，这种沉浸式的网络生存体验影响、改变和塑造着学生的思维方式、行为方式。因此，教育者要想对学生进行深度了解，不可能忽略网络对学生的影响和塑造。当前，教育者通过各类思想教育微载体，及时获取学生生活状态和思想状况，捕捉学生的思想需要、情感需要、交往需要等，了解学生当下的心理状况和未来的发展趋势，分析学生的网络心理和网络行为特征，认清思想教育微载体对学生的多重影响，保持高度的政治敏感度和引导教育的主动性，适时、适度地对学生进行引导和鼓励，有计划地开展有针对性的教育活动，体现教育的针对性和灵活性。

(二) 教育者开始利用微载体搭建网络微阵地

当前学生网络生活的主要阵地由 PC 端转移到移动端，这一转变在某种程度上对调整思想教育原有的平台布局提出了要求，也促使思想教育阵地由 PC 端向移动端转移。学生对互联网的依赖性使教育者逐渐意识到对微载体充分利用的重要性，并且已经开始入驻各大移动网络社交平台和网络短视频平台，而其中尤以广泛渗入智能手机应用软件为主，各个思想教育官方组织纷纷设立相关思想教育的微信公众号、短视频号、微博号等，并在同一微载体的不同阵地之间或不同类型的微载体的不同阵地之间开展以信息和内容相互呼应为主要形式的跨时空互动，形成一种集群性的影响，共同发声和作用于相应的移动网络平台，以开展网络思想教育活动。这种互动不仅能扩大思想教育内容的传播面，给思想教育带来更多的受众，同时也有利于形成影响广泛的教育氛围。

与此同时，教育者在微载体内部积极寻求与学生的联系和接触，比如通过微博、抖音、微信、B 站等微载体，利用平时的时间展开日常教育，固定发送学生喜闻乐见的教育信息，形成一种发声和影响的连续性，形成长期活跃、影响广泛的思想教育网络阵地，对学生施加深刻持久的思想教育影响。同时，教育者和各类官方组织不仅入驻到学生的具体活动场域和集聚空间，还认识到需要转换话语方式和表达形式，以适应和融入相应的网络平台文化和习惯之中，并抓住适时的机会在适当的网络平台发声，以推动和展开网络思想教育活动。

二、自我实现与认知强化

(一) 学校丰富学生知识，促进认知拓展

认知是人的感官对外界事物进行信息加工的过程，它是通过感觉、知觉、记忆、思维等心理活动获取知识、形成概念、生成判断等，从而调节个体的认知活动，思想教育微载体拥有庞大的信息群和信息来源渠道，也拥有极为丰富的信息传递形式。传统教育场景下，受到活动时长、活动主题和活动场所等的限制，学生接收的信息主要以教育者输出的内容和信息为限

度，而如今思想教育者利用各类微载体，可以用更多样和更有吸引力的内容和形式吸引学生的注意，以图文并茂、形声俱佳的教育方式扩大学生的认知范围，提高学生的认知能力。思想教育微载体平台传输的信息往往以更有新意的形式出现，如文字、图片、音频、视频等多种形式，与学生进行充分互动。

此外，思想教育微载体能够保持优质信息的稳定供应，比如许多推送内容涉及习近平新时代中国特色社会主义思想、中华优秀传统文化、优秀革命文化、心理健康教育等内容，通过微载体向学生展现博大精深的中华文化和当前的大政方针政策，促使学生拥有广博的知识面、较高的思想觉悟和坚定的政治立场。

(二) 学生能充分彰显其主体性

当前移动互联网的迅速发展和移动终端的充分使用使得学生的主体性和主动性得到充分彰显。移动媒体的极大包容性符合学生追求自由、平等、个性等的需求，无论是民主意识还是参与意识都得到了极大增强。

一方面，学生的学习和交往渠道更加自由化、多元化，学生可以根据个人需要主动地在网络空间搜索信息、学习知识、展开社交、发表言论，这些激励学生对网络世界的探索和对新知识的求索，也使其自主学习能力得到了极大延伸。

另一方面，学生的学习和信息获取时间得到了极大释放，他们利用智能手机可以随时随地进入网络，进行伴随式问答，随时随地在虚拟与现实之间自由切换。同时他们不是毫无保留地接受信息，而是会根据自己已有的知识结构、当前的思想状态以及价值判断进行有选择的吸收，并且主动、平等地去反馈信息。而当思想教育者通过微载体发布能够引起学生共鸣的优质思想教育内容时，学生就能被吸引，能够进行积极回应，主动吸收和内化思想教育内容，并且积极与主流社会需求靠近，实现自身的社会性发展。

三、场域拓宽与形式更新

(一) 思想教育微载体内容定位多元化

面对各类形式丰富多彩的网络社交应用，教育者和官方教育机构也积极对思想教育微载体进行多元化定位，通过对各类微载体功能、特征和受众群体诉求等的分析，利用不同的微载体承载不同主题的教育内容，以求提高思想教育的针对性。比如共青团中央活跃在不同的思想教育微载体中，并且在不同的微载体中发布不同类型和主题的内容，获得了很高的关注度，在传递思想教育信息，促进思想教育影响方面取得了不错的效果。再如抖音短视频越来越成为社会前沿信息的集散地，共青团中央就紧跟时事热点利用冬奥健儿的夺冠精彩瞬间和健儿背后的故事来激发学生的爱国情怀和文化自信；B站则是年轻群体的主战场，共青团中央就迎合年轻群体爱追问、爱探索的精神，进行党史普及和名人传记讲述，让学生了解我党的奋斗历程、老一辈英雄艰苦奋斗的历史和举世瞩目的成就，激发学生的奋斗精神，筑牢学生的理想信念；微信则是以熟人网络为基础的日常生活社交圈，共青团中央通过微信进行日常生活教育和情感教育，关注学生的生活，回应学生的期待，让学生主动接纳教育引导。此外，通过微博及时参与时事热点讨论帮助学生树立正确的价值观；通过豆瓣、知乎进行观点和观点的碰撞，让学生从心底增强"四个自信"。

(二) 思想教育微载体教育方式多样性

当前学校抓住互联网发展特点，积极创新思想教育方法手段，积极利用互联网的新资源为促进思想教育影响力提升提供条件。学校思想教育不再局限于课堂和校园，而是积极向网络延伸，特别是对于思想教育微载体的利用。在互联网时代，学生学习方式、交往方式的新变化和新需求对传统的思想教育方法提出了挑战，比如传统的理论学习以课堂学习和教师讲授为主，知识的传授基本上是单向的，学习过程比较枯燥，难以提起学生的学习兴趣，学生更喜欢多样化的、新鲜的、自由的、活泼的、综合性的教育方式。当思想教育内容和思想教育微载体结合在一起时，就会碰撞出新的火花。

四、社会聚焦和广泛参与

(一)微载体提高了思想教育活动的网络曝光率和社会关注度

微载体是学生网络生活的主阵地,思想教育利用微载体承载富有吸引力的思想教育内容,开辟思想教育阵地。比如各学校纷纷入驻短视频平台,这些官方账号受到了学生群体的广泛关注,已经成为教育者构筑网络思想教育阵地的重要场所,同时各级政府部门对短视频平台都给予了积极的关注和入驻。一方面显示出思想教育微载体的巨大关注度和影响力,另一方面可以看到利用思想教育微载体开展思想教育已经显示出巨大的优势。

(二)微载体提高思想教育活动的网络认可度和社会参与度

为了借助思想教育微载体实现思想教育在网络空间的覆盖面,思想教育者大规模融入各个微载体平台,无论是微博、微信,还是B站、抖音,基本上在每一个热门的微载体平台都能看到思想教育者个体或专门教育组织的身影,从其覆盖范围来说可谓是无所不在。在这样无所不在的传播环境下,思想教育活动的社会参与度得到了空前的提高,特别是与一些重要时事热点相结合的思想教育活动,更是具有广泛持久的社会参与度。学校一些活动一经发布就吸引了众多学生参与,同时再加上线下学校和班级的共同参与和讨论,使得整个思想教育活动产生了深刻而持久的影响。这些活动充分体现思想教育微载体对思想教育活动的巨大推动作用。

第二节 思想教育的生活化载体

一、树立思想教育生活化理念

思想教育内容是丰富多样的,包括马克思主义理论、政治观、世界观、人生观、法治观和道德观等方面的教育,这些丰富的思想教育内容尚未完全融入人民群众的生活当中,更没有被人民群众所内化并应用于实践中去。

因此,树立思想教育生活化理念,首先,要明确思想教育生活化的价值取向，从而增强受教育者的政治思想意识；其次，创新生活实践育人理念，促进人的全面发展。

(一) 明确思想教育生活化的价值取向

以人民为中心的发展理念，坚持以人民为中心作为新时代中国特色社会主义的价值取向。以人民为中心展现了党中央推进新时代中国特色社会主义的实践目的和行动方针，也反映了新时代下中国特色社会主义思想的根本伦理目的和终极价值关怀。因此，在新时期，明确思想教育生活化价值取向以人民为中心。思想教育应该贴近于生活，服务于生活，从生活中来，到生活中去，以生活为基础，而人民群众就是生活的主体。我党将"以人民为中心"定为基本方略，充分反映了党对于人民群众这个中心的高度重视，因此，思想教育生活化要以人民为中心作为价值取向，从而避免因没有正确引导个人及社会精神价值方向而出现的价值偏离。

思想教育以人民为中心的价值取向主要包括以下方面：

1. 以人民为中心强调人民群众至上

实现奋斗目标，开创未来必须紧紧地依靠人民，始终为了人民。与之相对应，思想教育生活化价值取向同样重视人民的主体地位。人民作为现实实践和认识活动的主体，能够进行自我发展、自我完善，在历史的各个时期、各种社会关系中不断发展和壮大，主要是人能够进行自我反省、自我思考并具有思维性强、创造性强等特点。人具有主观能动性，人们在改造世界的同时，人的一切活动都是有意识、有目的的。人也能以主体的身份对客体进行能动的反映，能够发现问题、思考问题、解决问题。

2. 以人民为中心，强调对人民群众的尊重和理解

尊重人民群众的需要，注重人民群众的发展，以人民为中心是人类社会发展的必然选择，如何塑造一个健康的人格，促使人全面发展，是社会进步发展对人民尊重的最完美体现。

3. 以人民为中心强调以人的自由、全面、和谐发展为最终指向

必须坚持以人民为中心的发展思想，不断促进人的全面发展、全体人民共同富裕。人的自由全面发展是由社会生产力所决定的，并伴随着整个社会的发展过程，每个人都有生存和发展的内在需要，人在自由发展的时候，

也需要社会给予相应的制度保障，每个人都有自由发展的权利，但是人的发展不能游离于社会和群体之外，因为这样的发展是有缺陷的、不完整的、不符合社会需要的，社会制度也无法保证做到以人民为中心的理念。因此，思想教育生活化就是要深入人民群众生活，满足人民的自我发展、自我完善需要，将整个人民群众生活容纳在思想教育的体系中，培养人民的优秀品质，提高人民的政治素养。但是人民的发展本身也存在着一定的问题，如不平等、不自主、不受控制等情况，因此，以人民为中心指出人要充分发展，要和谐发展，更要全面发展，这也是思想教育的最终目的所在。

(二) 践行生活实践育人理念，促进人的全面发展

开展思想教育生活化的教育实践活动，需要践行生活实践育人理念，从而促进人的全面发展。践行生活实践育人理念，促进人的全面发展，这是促进思想教育生活化的要求。

首先，对于生活实践育人理念，可以理解为，在生活中进行的各种学习实践活动，是促进人全面发展的根本途径，学习是成长进步的阶梯，实践是提高本领途径的育人观。由此可以看出，实践是育人的根本途径，是提高个人才智，培育个人品行的重要理念，而这一切实践活动都必须在生活中进行。

其次，践行生活实践育人理念，促进人的全面发展，需要注重发挥受教育者的主体意识。受教育者既是生活实践的对象，又是参与各种社会生活实践的主体。在开展各种社会生活实践活动时不可为了追求社会影响和宣传效果，而忽视受教育者的主体地位，没有让受教育者充分发挥主体能动性作用，因而，使其主观愿望和参与感得不到满足。因此我们在开展社会生活实践活动过程中，要牢牢把握受教育者的心理特点，发挥其潜能特长，鼓励和引导其自主参与、设计和管理，从而真正增强其主体意识，促进其全面发展。

最后，要注重实践主体之间形成协同理念。生活实践育人是一项系统工程。在生活实践育人的过程中，需要协同众多的育人主体，还要整合多方面育人实践内容。目前，存在各种各样的生活实践育人途径，例如参加社会志愿者活动、乡村支教活动、学雷锋活动、环境保护活动、助残助教活动等。但是这些零散的日常生活实践活动方式没有系统地整合成有社会影响

力的组织，而是各自为战，小团体行动，单打独斗，这大大降低了思想教育生活实践育人的效果。因此，要积极探索出一条能够建立学校与政府部门、社会团体、企业组织等单位之间的校外协同机制，逐步形成生活实践育人合力，从而达到促进人全面发展的目的。

二、促进思想教育教学活动生活化

促进思想教育教学活动生活化，需要建立在生活的基础之上，使教育目标贴近人们的生活实际；思想教育内容来源于生活，其理论高于生活，在生活中寻找最富有教育意义和教育价值的内容；要多渠道灵活运用易操作的、具有创新性和实效性的思想教育方法，但无论采取何种方法都要适用于生活；将思想教育过程完全融入人们的现实生活之中，增强教育者与受教育者之间的交互关系。

(一)教育目标贴近生活，突出现实性

理想化思想教育目标，脱离了人们精神目标的发展实际，造成教育目标未能完全在人们心中起到真正的目标导向作用。因此，思想教育工作者在设计教育目标时应紧贴人们精神生活目标实际发展需求，有利于教育目标的制定，突出其现实性。

理想化思想教育目标与人们生活实际目标契合度不高。人们对理想化教育目标下塑造出完美无瑕的教育对象除了敬仰之情外，更多的是一种质疑和反感，甚至还会给其戴上虚假作秀的帽子，从而导致思想教育目标原有的魅力值下降。因此，须革新思想教育目标，增强与人们生活目标的契合度，突出现实性。这就要求思想教育从人们的生活实践中凝练价值目标、道德目标和伦理目标，在此基础上，将其从感性认识上升到理性认识，从抽象化到具体化，从理论性到现实性，进而形成多方位有机统一的教育目标体系。在制定思想教育生活化目标时，须贴近生活，贴近人民群众，切合社会主义精神文明建设的现实发展需要。

(二)教育内容取材生活，反映时代性

随着国内外多元文化思想的传播和渗透，给思想教育工作发展带来新

的挑战。新时期，如何在新的挑战中抓住机遇是思想教育学者肩负的重要时代使命。思想教育工作若要立于不败之地，必须深入人民群众生活，赢取人民群众的信任，满足人民群众思想发展需要，反映最新的时代精神内容。因此，思想教育内容取材于现实生活是其发展的必由之路，在此过程中，须紧跟时代脚步，在教育内容上反映时代性。

（三）教育方法适用生活，注重多样性

思想教育内容是丰富多彩的，若想把丰富多彩的理论性和思想性内容通过教育方式传达给受教育者，单一的灌输式教育方式是远远不够的。因此，我们需要多方尝试，采用多样化的方式和手段，从而更好地适应生活发展的需要。

（四）教育过程融入生活，强化整体性

对于思想教育生活化的过程，我们可以理解为：思想教育从融入扎根生活世界的过程。在这一过程中，将教育者、受教育者及教育内容相互融合，不可割裂任何一方，强化整体性并最终将其落实落细于生活之中，提升教育者教学语言传授能力，有助于对教学内容进行掌握和传递。

在思想教育过程中，教育者应深入观察生活环境，从生活中攫取大众话语词汇，挖掘既有趣又富有积极意义的生活话语形式，从而丰富思想教育话语内容，形成思想教学独特的话语风格。特别是在思想教育课堂实际教学中，将教材中的政治性理论内容、概念及原理，运用一种接地气的生活化语言进行有效转换，从而注重受教育者的感受性，最终有利于被受教育者所接受。在转换过程中，将抽象的教育内容运用具体化、生活化、趣味化的语言形式进行深入浅出的阐释和表达，以符合受教育者生活语言表达习惯和语言使用风格。对受教育者而言，需要将所接受的指导思想、理论内容落实落细于生活。

因此，受教育者不仅要积极主动融入课堂理论学习氛围之中，还应走出课堂，将所学思想理论内容指导生活发展并运用于生活实践。我们深知，将思想教育理论转换为实践行动是一个复杂且困难的过程。在这个过程中，需要教育者、受教育者及教育内容紧密结合，不可割裂任何一方，更不可片

面强调某一方的作用而忽视其整体功能发挥。因此，只有将思想教育过程中的教育者、受教育者与教育内容完整系统地结合在一起，才能有效强化其整体性，从而避免落入形式化的境地。

三、优化思想教育生活化环境

人类生存和发展的一切实践活动都离不开生活世界。人的思想品德形成，也是在一定的生活世界环境中进行的，同时，受到生活世界中各种环境因素的影响和制约。实现思想教育生活化，就必须与生活世界积极互动，在这一过程中，需要优化思想教育生活化环境，拓宽新媒体渠道，打造思想教育生活化传播媒介环境，促进思想教育良好环境形成。

（一）统筹生活多场域，构建思想教育生活化和谐环境

良好的环境是一种富含教育功能的元素。良好的环境，本身就含有教化功能，能够在潜移默化中影响人、塑造人、引导人的思想行为发展。发挥思想教育教化功能，需要营造良好的、和谐的社会环境。通过统筹生活多场域，多方有效深入构建思想教育生活化和谐环境。

1. 良好的经济环境是思想教育生活化发展的基本条件

优化经济环境须在经济生活场域深化我国经济体制改革，大力发展生产力，稳定社会发展新局势，健全社会法制体系，发挥人民群众的主观能动性及历史创造性，从而加快社会主义经济发展，创建社会主义经济发展新秩序，使人们的物质生活提升到一个新的水平，进而有效促进和谐社会良好经济环境的形成。

2. 政治环境的优化对构建思想教育环境有显著的影响

在政治生活领域，要完善社会主义民主制度，健全社会主义民主法制；丰富民主的形式，扩大人民在政治生活中的参与，保障人民当家作主的地位。与此同时，在政治体制中，加强我党廉政建设以形成良好的党风、政风，并解决人民群众的内部矛盾，给广大人民群众树立正确榜样，为社会主义政治建设引导良好的民风、世风。同时，创造一个和谐有序的思想教育生活化政治环境。

3. 优化社会主义文化环境

在文化生活场域，要坚持马克思主义的科学指导思想及坚守我们的社会主义核心价值观，通过努力发展各项文化事业，建设科技文化、社区文化、企业文化等社会各项文化事业，深入多层面文化领域，保证社会主义文化建设的正确方向及提升公民文化道德素养。善于运用文化环境的润物细无声方式，达到与思想教育育人的一致协同作用。

4. 校园文化场域是开展思想教育的主战场

创建和谐的校园文化环境是构建思想教育生活化和谐环境的重要基础。学校是教育者集中学习、传授知识的地方，其学历相对较高，对思想教育生活化的理解也比较深刻。同时，学校也是适龄受教育者集中学习的地方。因此，无论是教师、学生，还是其他教育工作者，都有相应的义务去努力建构和谐的校园文化环境，发挥校园文化生活场域的主导作用。利用课堂文化、学校精神、校风校训、校园文化生活实践活动等形式营造思想教育生活化，构建和谐校园环境。

（二）拓宽新媒体渠道，打造思想教育生活化传播媒介环境

营造一个良好的思想教育生活化社会实践环境是全社会的共同目标，思想教育生活化的方式多种多样，新媒体渠道的出现更是加快了这一进程，无论在社会生活、家庭生活中都离不开新媒体技术。

1. 借助互联网，建立思想教育生活面

互联网覆盖面广，涉及社会生活的方方面面，我们可以通过手机、电视、电脑等媒体终端了解最新的思想教育资讯。在古代通过飞鸽传书、烽火狼烟等方式传播信息，如今我们只需要通过微信、QQ、微博等就可以获取千里之外的消息。因此，打造思想教育生活化传播媒介环境离不开互联网这个广阔的平台。

2. 运用手机，创新思想教育工作路径

在发扬传统思想教育优势基础之上，借助新兴移动媒体形式，有利于搞活思想教育工作，增强思想教育时代感和亲和力。这是开展新时期思想教育工作的新要求，也是其创新发展的必然趋势。当下，各种新兴媒体多种多样，而最为贴近人们生活需要、被人们运用最广的新兴媒体是手机终端。通

过手机传达思想教育信息,相对其他新兴媒体而言,更具有高效性、便捷性和实时性,因此,必须将手机纳入创新思想教育工作新路径之中。

第三节 思想教育的生态机制构建

一、思想教育的生态引导机制

(一)学生层面的引导

学校思想教育生态之所以能够产生积极的能动效应,是因为学校思想教育生态主要以学生个体全面发展为价值旨归。具有主观能动性的学生不仅是学校思想教育生态运作发展的重要力量,也是学校思想教育生态发展内容选择的参考对象。不同社会环境背景下思想教育生态发展的基本内容在很大程度上都与学生学习、生活及所处环境有着密切关系,往往反映学生群体或个体最为关心的社会问题和现象,体现学生在成长过程中出现的各种心理、思想和品德等方面的问题,表达所处社会时代对学生思想教育、道德品质、个性心理的要求。

从本质上讲,学校思想教育生态发展的目标是更好地促进学生素质能力的全面发展,任何试图脱离和超越学生成长发展实际的教育理念、教育方法和教育措施都是不切实际的。相对学生层面的引导,社会层面的引导、学校层面的引导和教师层面的引导都属于外在因素,尽管都对学校思想教育生态发展起着不可忽视的作用,但学生却是思想教育生态发展的核心主体,也是思想教育生态发展绩效的体验者和检验者。因此,学生主体构成了思想教育生态发展的动力保障和内在支持。

面对复杂的学生群体及其可能出现的各种思想、心理和行为问题,通过对思想教育生态发展目标、内容、结构、方法和措施的设置、选择和安排,既要充分调动学生的积极性和主体性,也要保证社会价值的完整性和系统性,以个人价值和社会价值的有机统一为基础,以制约和影响学校思想教育生态发展的各类问题为重点,构建一个包括学生心理引导、思想引导和行为引导的能动机制,进而端正学生心理、培育学生对思想教育生态发展的情怀，养成学生正确的行为取向，提高思想教育生态发展的内在推动力，真正实现思想教育生态发展的终极价值目标和方向。

(二) 教师层面的引导

任何学校的思想教育活动的开展，都需要借助专职思想教育教师的参与，都需要肯定专职思想教育教师的地位和作用，提高专职思想教育教师的积极能动性，探索专职思想教育教师成长的培育机制，这就是所谓的专职思想教育教师队伍的建设。无论是传统的思想教育工作，还是现代的思想教育工作，专职思想教育教师队伍建设对于保证思想教育顺利开展、增强思想教育实际效果都起到了基础性作用。

作为思想教育活动的重要主体，教师群体如果不能形成协调统一的合力，就不可能产生良好的思想教育实效。同样，学校思想教育生态的构建和发展也离不开教师素质能力的提高培养。首先，培育教师的教育理念特别是教育生态理念，改变过去形式化、抽象化的教育模式，让多数教师明确思想教育既不是单纯的思想教育和政治教育，也不是简单的教育模式构建与运作，而是基于学生素质能力全面发展的人本教育；其次，注重教师的教育生态方法养成，面对错综复杂的思想教育生态环境，教师要改变过去就事论事、追求平稳、避免问题短视化的工作方法，着力从学生目前关注的社会问题和现象入手，综合运用各种教育方法来开创思想教育工作新局面；最后，提高教师对教育生态规律的认识，将思想教育生态发展嵌入学生生态发展实践过程中，使得学校思想教育生态发展更加富有主体性和科学性。

(三) 学校层面的引导

学校思想教育生态是伴随着学校的发展而逐渐形成的，其生成是一个动态复杂的历史过程。学校思想教育生态既是学校发展生态化和学生个体成长生态化需求的推动结果，也是思想教育适应外部环境能力不断提高及其与外部环境互动联系平衡化、协同化的集中表现。学校的生态发展推动了学校思想教育生态的生成与发展，学生个体健康成长的素质能力要求促进了学校思想教育生态的持续演化。

学校思想教育生态的形成与发展是在学生学习生存发展的环境背景中

进行的，是社会生态发展和个体生态成长交织催化、相互促进的能动体现。以创新学校发展模式、增强学校竞争优势、丰富学校校园文化为主要切入点，从思想教育生态的理念确立、计划制订、组织设置、评价实施和优化开展等方面创设条件，为学校思想教育生态运作提供了重要保障。以创新思想教育理念、模式和方法为突破口，提高思想教育的辐射力和影响力，是引导学校思想教育生态运作的有效前提。

随着不同区域之间学校竞争与合作态势的日渐明显，借助外部环境力量来实现快速发展的战略思维和模式逐渐被多数学校所认同，只有基于平稳有序的生存发展环境才能实现学校的健康发展和思想教育的正常开展。当学校发展过程出现的各种问题外化为制约思想教育顺利开展的瓶颈，并与思想教育生态运作目标和方向相违背时，需要树立学校发展的生态理念和思维，采取积极稳妥、切实有效的生态策略，进而为学校思想教育生态发展提供环境条件，在推进学生思想教育生态发展过程中不断积累经验、提升理论。

（四）社会层面的引导

改革开放以来，经济转型、政治转型和文化转型的并驾齐驱、辩证互动，成为我国社会发展的重要特征，经济发展快速化、社会竞争激烈化、人际关系复杂化和思想观念多元化的态势日趋明显，增加了学校思想教育工作的难度。全球化背景下不同国家间经济、政治、文化互动频繁，各种异质文化在社会与历史的交界处激烈碰撞。既不能将学校思想教育生态运作发展简单地归结为社会环境系统中的某个要素或者某个系统，也不能将学校思想教育生态运作发展视为一个与外部社会环境系统毫无联系的封闭过程。

可以说，社会环境系统与学校思想教育生态运作发展之间的关系是一种复杂的非线性因果关系，很多学校思想教育生态危机和困境的出现都归因于多种环境因素的共同作用，几乎任何一个思想教育问题都有着深刻的社会原因和背景。因此，在构建学校思想教育生态过程中，需要充分考虑社会环境与思想教育生态运作发展之间的互动问题，从社会环境变化要求来进行思想教育生态发展的布置安排；需要积极引导和推动社会环境转型，促使社会环境朝向有利于思想教育生态发展的方向演变。

二、思想教育的生态优化机制

(一) 明确思想教育生态优化的基本原则

学校思想教育生态优化是主体按照合规律性与合目的性相统一的要求，对学校思想教育生态要素、环境和活动进行最优化管理、引导和选择的实践活动。优化主体具有多层面内涵，既包括学校教师、专职思想教育教师、教育管理者，也包括政府、相关社会团体、组织和人员。

合规律性要求主体采取和实施的相关措施、策略和方法必须符合思想教育生态发展以及学生成长的规律；合目的性则要求采取和实施的相关措施、策略和方法必须有利于思想教育工作水平的提高、学生的健康成长和思想教育理论的总结提升。只有实现合规律性与合目的性的有机统一，才能保证优化活动的科学性和措施的有效性。

学校思想教育生态优化的基本原则主要包括：①关联性原则。思想教育生态发展涉及诸多内外环境要素，这些要素相互联系、相互影响，形成错综复杂的关系结构。关联性原则要求从内外环境要素之间的关联性入手进行优化行为的选择。②整体性原则。摆脱孤立、封闭的思维模式，将优化所涉及的影响因素和行为活动置于更为广阔的整体视野内加以审视，并采取积极行动进行多层面优化。③动态性原则。用动态的观点看待思想教育生态发展，并将其置于教育生态发展和社会生态发展的背景中去考虑和实施。

(二) 培育思想教育的生态优化文化氛围

学校思想教育生态优化离不开一定的文化氛围。文化氛围的不足或者缺失不利于外部社会环境中各种优质资源因子的合理流入和有效配置，不利于思想教育生态运作目标选择、计划制订和组织实施，也不利于思想教育与外部环境之间的物质循环、能量流动和信息传递，进而造成思想教育生态发展不适应外部环境变化，诱发思想教育生态发展绩效偏低的情况。

首先，培育开放的文化氛围。一些校园文化丰富的学校要扩大与外部社会环境的沟通联系，不断从外部社会环境中获得优质的资源因子和广阔的环境空间，同时也要开辟和探索新的资源因子和环境空间，提高自身对外部社会环境的适应能力和水平。

其次,培育多元的文化氛围。只有汲取不同文化的营养成分,实现不同文化的最优组合,才能满足学校思想教育生态优化的空间要求。

最后,培育竞合的文化氛围。优化的目标就是提高思想教育的绩效水平,增强思想教育的竞争优势,扩大思想教育的影响范围。这些目标的取得离不开主体之间的适度竞争与通力合作。

营造竞合的文化氛围既有助于培养主体的竞合意识,也有助于促进主体竞合行为的养成。可以说,竞合的文化氛围是主体之间形成适度竞争与通力合作关系的重要基础。

(三)构建思想教育的生态优化整合机制

从本质上讲,学校思想教育生态优化是由众多优化要素相互影响、相互作用形成的具有特定内在结构和外在关系、体现整体协同效应并不断发展演化的复杂自组织系统,这种自组织性质决定了优化过程机制的自组织性和优化结果的不确定性。

优化内在结构和外在互动关系的协同适应性,既不是现成的,也不是外在施加的,而是自我生成和自我组织的。由于优化主体具有较强的思维性和主观能动性,在很大程度上决定着优化整体的作用机制和运行、演化的性质,使得优化表现为一种在特定条件下自发产生、自我强化、自组织协同和自组织演化的过程。内外环境处于相对稳定和平衡状态时,思想教育生态优化具有明确的方向,当内外环境变化超过生态优化系统的稳态机制时,思想教育生态优化方向就会发生分岔,表现出不稳定性特征。

基于优化自组织性建立的整合机制对优化主体、优化要素、优化环节和优化过程具有协调性与整合性,能够合理规范优化主体行为,有效促进优化要素组合和优化环节排列,保证优化过程的顺利开展。

(四)保证思想教育的生态优化物能供给

正常的物能供给是实现思想教育生态优化的基本条件。不同时期的思想教育生态优化所需的物能供给具有差异性,这种差异性体现在物质、能量与信息的类别、丰度和效度,以及体现在物质循环、能量流动与信息传递的渠道、平台和方式等方面。

从来源看，优化初期的物能需求主要依靠学校内部环境的物能供给，特定阶段内任何学校的物能资源都是有限的，尤其是优质资源，更具有稀缺性。然而，优化的物能需求会随着优化实践的深入而不断增加。一方面是物能供给的相对有限，另一方面是物能需求的持续增大，形成了思想教育生态优化的物能供需矛盾。

物能供需矛盾的合理解决与否往往制约着思想教育生态优化的顺利开展，进而影响思想教育生态的发展及绩效水平。因此，就需要加大思想教育生态优化所需的物能供给：一是加大核心物能资源供给，如资金、人力资源、技术和信息等；二是加大基础物能资源供给，如活动场所、图书资料、计算机和网络通信设备等；三是加大补充物能资源供给，如专职思想教育教师队伍的建设和培养、思想教育生态研究基地的建设、对外活动和交流等。只有保证了这三方面的物能资源供给，思想教育生态优化才能实现正常、有序和持续运作。

（五）健全思想教育的生态优化制度体系

制度是社会活动的规则，是规范人们交互关系的各种正式和非正式的约束，对于社会稳定和社会行为具有指导意义。作为社会活动的一种特殊形态，思想教育生态优化也需要相关制度体系的支持，以此来规范和约束优化主体、要素的行为，保证和促进生态优化的递进深入。

首先，健全生态优化的基本制度，对思想教育生态优化的各个方面进行制度规范，将生态优化涉及的要素、环节和行为都纳入相关的制度体系中。同时，针对目前不利于思想教育生态优化的制度、规定进行适当改革，加快思想教育生态优化发展。

其次，健全生态优化的鼓励制度。思想教育生态优化是一项需要人、财、物资源投入的系统工程，尤其离不开一定的经济支持，它要求在充分利用已有资源和空间的基础上，不断开辟新的资源因子和环境空间。对于目前一些基础条件较差但又亟须进行思想教育生态优化的学校给予必要的资源支持和优惠政策，也可以有针对性地选择有实力的社会组织和企业，对其进行鼓励，由此来解决思想教育生态优化资源不足的问题。

最后，健全生态优化的协调制度。协调制度重点解决生态优化偏重某个学校或某个层面的问题，这种偏向在宏观维度可能导致不同学校、区域之间思想教育生态优化水平的参差不齐，在中观维度可能形成不利于新建学校或实力偏弱学校的思想教育生态优化的情况，在微观维度可能造成思想教育生态优化问题得不到及时解决。通过协调制度来合理调整和梳理各学校之间、各优化层面之间和各优化问题之间的关系，进而提高思想教育生态优化的整体水平和实效性。

第四节　思想教育的公共空间建设

一、思想教育公共空间的主要类型

（一）现实性空间与虚拟性空间

从人的现实交往和社会关系角度来理解思想教育公共空间，可以命名为思想教育的现实性公共空间。我们先来看对于现实概念的不同理解：从哲学层面来看，现实是符合客观规律所存在的人、事物；从生活层面来看，现实讲的是人们生存、生活于其中的包括主观条件和客观条件在内的现实条件，以及人们在生产、生活中形成的各种社会关系，即不以人的意志为转移的自然、社会，还有人和人的活动，现实性空间与物质性空间既有联系又有区别，主要指向的是人的交往活动和社会关系，与虚拟性空间、精神性空间有较大差异。

（二）物质性空间与精神性空间

从物质性的角度来看思想教育公共空间，可以命名为思想教育的物质性公共空间。有学者将思想教育物质性公共空间分为在属性、功能和用途等方面专门服务于思想教育的专门思想教育公共空间和部分负有思想教育功能的一般性思想教育公共空间。其中，专门思想教育物质性公共空间主要包括各类具有确定思想教育意义和功能的纪念性、宣传性场馆和建筑。

二、思想教育公共空间的主要结构

思想教育公共空间是一个系统，其结构首先表现为自身的基本要素构成，主要包括空间主体、空间活动、空间制度和空间话语，这些要素相互配合、相互作用，促成了思想教育公共空间的整体结构。

（一）空间的主体

思想教育公共空间主体的问题本质上是思想教育主客体及其关系的问题，在思想教育公共空间中，思想教育者和被教育者不是简单的教与学的关系，而是一种主体间关系。由思想教育者作为主导主体，设计思想教育公共空间的内容、布局、活动和制度，受教育者作为主动主体，在教育者的引导下了解、吸收和转化思想教育价值观。并且，在一定的空间场域条件下，受教育者还有可能转变为思想教育者，对思想教育公共空间内的其他主体进行思想教育，思想教育者与受教育者既是改造与被改造的关系，也是认识与被认识的关系，即主体客体化和客体主体化的过程。在思想教育公共空间，教育者和受教育者这两大主体的关系不是恒定的，二者相互依存，在一定的条件下可以相互转化。

例如在思想教育的虚拟性公共空间中，具体思想教育事件的教育者、受教育者身份是相对稳定的。但是，在开放的网络空间场景下，一网络主体在某网络舆论事件中是受教育者，而在另一思想教育事件中又以教育者的身份出现，反之亦然。区分二者的依据是思想教育公共空间主体的主体性，主要体现在公共空间主体的主动性。主动性是指思想教育公共空间主体必须是思想教育活动的发起者、策划者和实施者，亦即教育者。主动对受教育者授以实践活动和思想道德观念上的引导，在一定活动内教育者和受教育者的地位和关系是相对稳定的。当然，受教育者作为主动主体不是被动接受，而是积极学习。

（二）空间的活动

人的活动是意识指导下的客观实践活动，目的是改造客观世界以满足主体需要。思想教育公共空间活动是人的活动，目的是改造思想教育公共空间和空间场域内的人，以使思想教育公共空间更能满足人的需要，使人的思想教育素质进一步提高。本质上就是改造空间、形塑人的思维和实践活动。

1. 空间的教育活动

思想教育公共空间教育活动是指在思想教育公共空间开展的，以提高人的思想道德和政治素质为目的的思想和实践活动。人只有满足了最基本的生存需要，才能追求更高层次的需要，实现更高层次的发展。因此，我们要承认人生来就受到物质条件的束缚，追求金钱和物质是人趋物性的具体表现。但在追求物质满足的过程中，人的思想如果不加以正确引导，就会陷入功利主义、拜金主义等窠臼之中。同时，受多元文化思潮的影响特别是历史虚无主义、西方自由主义等错误思想的影响，人的思想价值观念也会出现偏差，对社会主义主流意识形态形成冲击。这些都需要我们在社会公共空间中加强思想教育，正确引导人的思想观念，养成正确的行为方式。例如通过社区文化活动宣传中华人民共和国成立史、发展史，通过话剧演出重现英雄模范和道德模范故事，都是在思想教育公共空间开展教育活动，有利于提高人的素质，维护社会主义意识形态的安全和稳定。

2. 空间的治理活动

思想教育公共空间治理活动是指针对思想教育公共空间开展的一系列思想和实践活动，旨在维护公共空间的秩序并推动其持续发展。社会公共空间的秩序维护，离不开对空间本身的有效治理。在这一过程中，思想教育作为一种软性的力量，能够发挥独特且重要的作用。因此，治理成为思想教育公共空间不可或缺的重要活动。具体而言，通过对原有社会公共场所进行思想教育改造，我们可以在此开展对符合思想教育公共空间秩序的思想和行为的宣扬与褒奖仪式，同时对违规行为进行批评和曝光。通过社会公德和公共舆论的力量，共同维护公共空间的秩序。通过深入的思想教育，我们可以促进公共空间治理效能的不断提升。

3. 空间的服务活动

思想教育公共空间服务活动是指在思想教育公共空间开展的，以着重丰富人的精神世界、促进人的全面发展为目的的思想和实践活动。思想教育公共空间不仅揭露、批判落后的意识形态、克服人的思维局限性，对思想教育公共空间进行有针对性的改造，还要服务于公众更高的物质生活和精神生活需要，为人的自由全面发展提供更为丰富的文化产品、交往环境和思想教育公共空间生态。例如开展文化下乡活动，使农民足不出户就能享受一定的文艺作品、提升思想境界和文化追求；降低高雅文化活动门槛，使歌剧、戏剧更为普及，服务于人民群众日益增长的精神文化需要。思想教育公共空间活动是双向的：一方面用公共空间形塑人，使人更加符合社会需要；另一方面为人提供价值实现的平台，更好地建设公共空间，实现自身发展。

(三) 空间的制度

思想教育制度是在历史发展过程中，特定阶级或组织为了满足思想教育实践需求，制定或认可的用于调节思想教育参与者社会关系结构的规则体系。由此得出，思想教育公共空间制度就是思想教育公共空间中的具有相对稳定性的规则，主要包括空间规划制度、空间运行制度、过程监控制度、考评考核制度。

1. 思想教育公共空间制度是历史性与现实性的统一

在思想教育活动和思想教育公共空间形成和演变的初期，人们往往会形成一种约定俗成的习惯，随着思想教育实践的进一步发展，习惯的作用逐渐削弱，人们便会制定相应的制度以适应历史的发展。同时，思想教育公共空间制度不是一成不变的，而是具有一定的现实性，它在保持相对稳定的同时也会因时而变、因事而异，以满足现实社会的要求。

2. 思想教育公共空间制度体现了一定的社会关系

思想教育公共空间主体作为现实的人，他们在公共空间中的实践活动就是一定社会关系的活动。思想教育公共空间制度的制定、发展和完善都有明确的规则制定者和适用范围。同时，思想教育公共空间的营造和建设也是为了满足人的自由全面发展，即服务于人的社会发展。

3. 思想教育公共空间制度是思想教育公共空间的规则

在思想教育公共空间策划和运行过程中，由一定规则制定者制定出的，思想教育公共空间主体必须遵守的行为准则、规范和公共空间本身的运行逻辑。既规定了空间主体可以做什么、如何去做、做对了有何种奖励，又规定了空间主体不可以做什么、如何改正、做错了有何种惩罚，还规定了整个思想教育公共空间的运行逻辑。

(四) 空间的话语

话语承载的价值体系、逻辑内涵与文化本身所传达的道理是一脉相承的，都具有教化育人的功能。思想教育公共空间话语是思想教育话语在公共空间的传播，承担了思想教育的价值体系，具有教化的育人作用，思想教育话语已经形成了一定的范式，对于思想教育活动起到了重要作用。

随着时代的发展，思想教育公共空间话语发挥作用的条件也发生了变化。过去，思想教育活动或其他教育教学活动理念是主客二分说，即教育者和受教育者分别作为主体和客体，前者占据权威和主动地位，通常采用说教和灌输等方式，使得后者处于服从和被动地位。当前，思想教育活动理念更新为双主体说或主体间性说等，这些说法在表述和具体内涵上有所差异，但都强调了教育者和受教育者之间的平等地位和关系。因此，思想教育公共空间话语也发生了相应转变，具体如下所述：

1.思想教育公共空间话语网络化、大众化

在网络科技和终端的推动下，全社会空间话语都被网络话语影响，思想教育公共空间话语也打破了原有的书面化、专业化的表达习惯，吸取了网络化的话语方式，更加大众化和易于接受，思想教育公共空间话语更加多元开放。

2.思想教育公共空间话语更具启发性、引导性

为了适应新形势，思想教育公共空间话语也进行了相应调整，改变原有的灌输性话语方式，更多利用引导、启发和协商等方式进行说理性教育，促进人的全面发展的效果。

3.思想教育公共空间受教育者话语权扩大化

受教育者话语权扩大是时代发展的产物，随着社会经济发展水平的提高，自由民主思想进一步深入人心，加之虚拟性公共空间隐蔽性的特点，人们更加敢于在公共空间发声，并且聚焦于某一社会热点现象引发的网民热议很容易形成强大的舆论力量。

三、思想教育公共空间制度不断完善

规章制度是相对稳定的规范化的指导性和约束性原则，建立完善、合

理的规章制度有利于思想教育公共空间的良性运行。一方面，制度是思想教育公共空间健康运行的保障；另一方面，如果制度过于死板、严苛，又是思想教育公共空间活力发挥的阻碍。因此，思想教育公共空间制度的建立需要一套完整的秩序，追求思想教育公共空间制度的现代化。国家治理现代化与思想教育制度建设之间是目的一致、内容包含、理念共享、意义互涉的逻辑关系。这种关系在国家治理现代化与思想教育公共空间制度建设之间同样实际存在的。

在新时代，建设思想教育公共空间，首要任务是紧密围绕中国特色社会主义制度，融入国家治理体系和治理能力现代化进程，为公众在公共空间中的自由全面发展服务，由此可见，二者在根本目标上是一致的。国家治理体系和治理能力的现代化既涵盖制度层面的治理体系，又包括实践层面的治理能力。从治理体系来看，这种体系涵盖了社会经济、政治、文化等制度的方方面面，自然也包括思想教育公共空间的制度；从治理能力来看，思想教育公共空间的治理实际上也是以社会治理为出发点和落脚点的一个方面，亦即国家治理体系和治理能力的现代化在内容上包含思想教育公共空间制度建设；从理念指导来看，国家治理现代化和思想教育公共空间制度建设都需要坚持马克思主义的指导、坚持新发展理念，同时吸收国外社会学、管理学的优秀理论和实践成果，二者在理念上是共享的；从国家治理现代化和思想教育公共空间制度建设的意义来看，二者是相互促进、相互作用的。

一方面，国家治理现代化是思想教育公共空间制度建设现代化的基础，没有国家治理现代化的推进就没有思想教育公共空间制度现代化的实现；另一方面，思想教育公共空间制度现代化为国家治理现代化提供了良好的思想阵地、舆论环境和群众基础。在实践层面上，涉及思想教育公共空间的制度建设不断得到完善，一些法律法规和规章制度相继出台，初步构成了一个制度化体系。思想教育公共空间制度建设从理论进一步走向了现实，并且覆盖了公共空间建设和人们日常生活的方方面面。

综而观之，思想教育公共空间制度与国家治理现代化关系密切，正在持续发展。

第三章　思想教育课程教学管理

要推进教育改革、实现教育任务，就必须从思想教育方面下功夫，从教学管理入手。本章研究思想教育课程的内容建设、思想教育课程的教学方法、思想教育课程的课堂教学技能解析、思想教育课程与心理健康教育的融合。

第一节　思想教育课程的内容建设

一、思想教育课程的内容

思想教育是指运用优秀传统文化、社会主义核心价值观等内容对学生进行一定社会或阶级的道德准则和法纪道德规范的教导，提升学生群体的思想道德素质水平的教育活动。完整的学生思想道德素质应包括立向素质、立人素质和立国素质三个方向。

立向素质是指政治价值取向，在学生思想道德素质结构中起主导作用，这一素质要求学生应具有良好的政治理论修养和坚定的政治信仰，坚定拥护和执行党的各项路线、方针、政策，拥有正确的理想和远大的人生抱负。

立人素质是指为人处世的基本素质，包括良好的品德素养、健康的思想情操、科学的人生观和价值观，是调节个人的行为、处理个人与他人以及个人与社会的关系所必需的基本素质。

立国素质是指爱国主义精神，是个人甘为祖国和人民奉献的思想道德素质，是中国人民思想道德品质的重要特征，是中华民族的核心道德观体现，更是思想教育内容的重中之重。

二、思想教育课程的建设

(一) 改进思想道德教育的方法

由于经济社会多元化的影响，学校的学生在个性张扬和思想道德素质等方面都发生了复杂而又多样的变化。所以对思想教育就不能再采用以往较为统一的大范围的教学模式，而应结合当前学生思想生活上的变化和个性化特点来改进思想道德教育的教学方法。

(二) 拓宽思想道德教育的内容

学生是否能够形成自觉的思想道德意识，学校时期的培养尤为重要。在学校阶段培养好学生的思想道德意识，会对学生的一生产生极为重要的影响。因此，学校需要进一步扩宽思想教育的内容。在思想道德教育过程中，教育应发挥积极的主导作用，旨在培养学生具备良好的道德情操和道德修养。

为了达到这一目标，学校应教育学生关于为人处世的基本道理，引导他们形成正确的世界观、人生观和价值观。这要求学校拓宽教育内容，将单一和抽象的教育内容进行扩展，使之更为多元化和具体化，以确保学生充分接受思想道德教育的内容。

通过拓宽教育内容，学校能够确保思想道德教育能够正确指导和帮助学生的实践活动。只有这样，才能使学生的思想道德素质教育变得更全面、更具体。这种全面和具体的教育将帮助学生在日常生活中更好地理解和应用道德准则，培养学生的道德判断能力和责任感。

同时，学校阶段的思想道德教育也应注重培养学生的自主性和批判性思维。学生应被鼓励独立思考，审视和质疑不同的道德观念和行为准则。这种批判性思维将帮助学生形成自己的道德标准，以及在面对复杂的伦理和道德困境时做出明智的决策。

总之，学校阶段的思想道德教育对学生的成长和发展至关重要。通过拓宽教育内容、积极引导和培养学生的道德情操和修养，以及鼓励学生的自主性和批判性思维，学校能够帮助学生形成自觉的思想道德意识，为学生未来的生活和事业打下坚实的基础。

(三) 健全思想教育机制

思想教育机制的健全，实际上就是为思想教育提供一个健全的保障制度，完善的制度建设能够使学生思想道德素质教育的顺利进行得以保障。有了健全的制度，学校在对学生进行思想道德教育时，才可能有秩序、有效率地开展各项相应工作，思想教育也将成为一项长期有效的教育内容。只有当良好的机制贯穿于整个教学过程中时，才能确立思想教育在学校教育中的特殊地位。

(四) 优化思想道德教育环境

优化学生思想道德教育环境的主要目的是为学生营造一个良好的思想道德学习的氛围。思想教育环境的优化，对思想教育有着较为深远的意义和作用。当前，国内外的政治、经济、文化环境和各学校周边的社区环境都严重影响着学生的思想道德素质教育。这给学校思想道德教育的工作增加了难度，优化学生的思想道德教育环境，能很好地为学生营造一个良好的学习氛围，有利于思想教育工作更好地开展。所以，各学校教育者要在认识环境对学生思想道德素质有直接影响的同时，根据思想教育的环境，积极地改变和优化周边环境，有计划地对思想教育的环境进行创新，使思想教育得到更好的教学效果。

第二节 思想教育课程的教学方法管理

思想教育教学方法，是指为实现思想教育目标，完成思想教育任务，在完整的思想教育过程中，教师采用的各种方式、手段、工具等的总和。思想教育能否实现、能否取得预期的教学效果，在很大程度上取决于教师所采用的教学方法。

一、科学选择思想教育教学方法

选择是发自自我的主动行为，是对同一指向的不同对象做出抉择，是运用的前提。教学方法的选择是一种主观行为,如果要在思想教育教学中科学选择教学方法,就要依据思想教育教学过程中各个要素的本质属性及发展规律来进行选择。

(一)以思想教育教学目标为依据选择教学方法

科学选择教学方法对教学目标的实现具有重要意义。教学目标是教学方法选择所要依据的最重要的因素,一种教学方法是否合适,最主要的衡量标准就是看这种方法对于达到教学目标是否起到应有的作用。因此,要实现思想教育教学目标,就要选择好教学方法,正确选择教学方法将会带来教师和学生都满意的教学效果。

依据教学目标科学选择教学方法,有两方面的意思:一方面,同一教学目标可以由不同的教学方法来实现,但总有实现目标的最佳方法,需要在众多的教学方法中选出最优的方法;另一方面,每一种教学方法都有自身的特点和适用范围,没有万能的教学方法,不同的教学目标选择不同的教学方法。与思想教育教学目标有关的有学校德育目标、思想教育课程科目目标、各门课程单元目标、各门课程教学行为目标。

学校德育目标是一般性的目标,在教育目标中占支配性地位,它从整体上反映教育系统任务的基本价值取向以及对学习者发展的一种期待,这种目标来源于社会发展对人的要求和期望,是一种理想目标,具有高度抽象性和概括性,与国家教育宗旨和政策相关。

思想教育课程科目目标就是各门课程的目标,是德育目标具体化的表现。各门课程单元目标指的是思想教育各门课程各个章节或各个专题的目标。学校德育目标、思想教育课程科目目标、课程单元目标三者之间紧密联系,环环相扣,思想教育课程科目目标是为实现德育目标服务,思想教育各门课程单元目标为课程目标服务。

课程单元目标付诸实施,就需要依靠教学行为目标,只有教学行为目标才具有可操作性。教学方法的选择只有建立在具有可操作性的教学目标基础上才是科学的,目标如果不具有可操作性,就没办法确定教学方法。教学行为目标是对学生在完成一个预定的教学单元后能够做什么的叙述。思想教育教学目标是使学生能够系统掌握理论知识,将理论知识内化为自己的思想、信念，并在实际行动中体现出来。

1.思想教育教学认知目标与教学方法选择

认知与情感、意志、信念、行为相对应，是教学目标体系中的起点，指获得知识和应用知识的过程，是人最基本的心理过程。教学的认知目标包括事实性知识、概念性知识、程序性知识、元认知知识的记忆、领会、应用、分析、综合、评价。

(1)帮助学生获取和加工知识的教学方法。

掌握课程知识体系是思想教育教学的基础性目标，也是最低层次的目标，因为智慧的形成需要以知识为原料，学生智力发展、世界观和思想道德素质的形成和发展，都离不开知识的传授活动，都是在传授知识的过程中促进学生各方面的发展的。知识是形成信念的基础，没有丰富的、生动的、科学的知识作为基础，思想教育就不会有说服力。思想教育知识性教学目标的实现可以选择多种教学方法，包括直观的方法、语言的方法、实践的方法，等等。教师运用口头语言、声音、文字符号、图片、视频等作用于学生的视觉、听觉来传递知识，学生通过主动学习将外在的知识内化为自身的知识结构。

(2)培养学生思维能力的教学方法。

掌握知识不是为了掌握而掌握，机械地、被动地接受学习，不是对知识的记忆、浅层次的理解和近迁移的应用。如果只是为了记住这些知识，这种学习常常是被动的、外在牵制的、接受的、抽象的，最后形成的是客观性的知识，是显性化的知识，通常这样的知识是呆滞的，无法适应时代发展所需要的能力和素质。因此，形成智慧，即形成科学的思维方式，学会观察分析解决问题，具有正确的价值判断能力，是思想教育教学认知的重要目标。

思维方式是人们观察、分析、解决问题的认知模式，它是人的价值观念、知识素养、人生经历以及性格心理的反映，不同的思维方式致使人们对事物得出不同的认识和判断，做出不同的选择和决定。思维方式有科学和非科学之分，科学的思维方式是用全面的、发展的、变化的观点看问题，以辩证的、系统的方法分析问题，注重探寻规律、发现规律，依据规律办事，科学的思维方式是开放的、创新的，它不断寻求真理。思想教育教学的一个重要目标就是培养学生科学思维的能力。培养科学的思维能力就要给学生更多时间和机会去发展这一能力，在思想教育教学中就要选择适合发展思维能力的教学方法。案例教学法、辩论式教学法、探索发现法等都能够发展学生科学思维能力。

2.思想教育教学情感目标与教学方法选择

情感不论在认知发展还是在信仰形成，或是在行为实践中都发挥着诱导和激励的作用。同时，它还发挥着动力作用，为认知发展、信仰生成和行为实践服务。没有情感的参与，认知、信仰、行为就会失去动力。在教学中，忽视情感方面的教育教学，学生也不可能很好实现认知，更不可能产生良好的思想信念，也难以将思想信念转化为行为。

(1) 思想教育教学情感目标的内容结构。

情感是人对客观事物所产生刺激的一种心理体验及反应。态度则是指人对客观事物产生的心理倾向。价值观是关于价值的一种信念、倾向、主张和态度的系统观点，起着行为取向、评价标准、评价原则和尺度的作用。情感决定态度，态度体现情感，情感和态度是价值观形成的基础，三者是紧密联系在一起的。

在思想教育教学情感目标中，情感既指学生对思想教育知识学习的动机、兴趣、热情，更指学生对这些知识的内心体验和心灵世界的丰富，将这些知识内化为自己精神生活的一部分。态度目标不仅指学生学习思想教育的态度和责任，更指通过课程的学习形成乐观向上的生活态度、实事求是的科学态度、豁达宽容的人生态度。价值观目标指学生通过思想教育的学习，将社会主义核心价值观和社会主义荣辱观内化为自身的价值尺度，融入自己的个性结构，成为自身孜孜以求的价值目标。概括地说，思想教育教学的情感目标不仅要求学生树立正确的政治立场，形成良好的思想道德品质，而且包含了为人处世的道理，指导学生如何做人、做事，既培养适应社会发展需要的人，也要培养具有良好个性和健全人格的人。

(2) 实现思想教育教学情感目标的教学方法。

促进思想教育教学情感目标的实现，需要科学选择教学方法，这些方法一方面能够充分展现教材中蕴含的情感因素，另一方面能充分发挥教师的情感优势。使学生能从中受到情感的熏陶，逐渐实现对思想教育知识的被动接受到主动追求的转变，通过学习树立起正确的价值观念和态度，最终将课程知识融入自身的精神世界，融入个性。产生情感的关键是动机的激发。为此，要经历引起注意、激活情感经验、提供榜样示范或指导观察学习、促进价值内化、激励积极行为的过程。促进教学情感目标实现的教学方法有直接的教学方法和间接的教学方法。直接的教学方法是专门为教学设计的活动和方法，主要是情境教学法。情境教学法形式多样，有角色扮演法、讲授法中的情绪渲染、通过多媒体创设情境等，在认知过程中强化情感体验。间接的教学方法则是一种与课程内容有关，但不是通过课堂教学的方法，包括营造良好的思想教育理论学习氛围、开展弘扬主旋律的校园文化活动，开展社会实践活动、榜样示范等，就是在实践中强化情感体验。

3. 思想教育教学行为目标与教学方法选择

思想教育具有实践性的特点，也就是说课程教学不仅仅是为了获得知识技能，形成智慧，更重要的是将知识内化于心，外化于行，做到知行统一。

思想教育行为目标指的是课堂外的世界中，生活、工作和履行义务所必需的更加完整的行为，是通过课程教学使学生在思想、政治、道德、法律等行为方面发生的积极变化，在真实的行为活动中体现出学生的能力、品行和素养。

在思想教育教学中，可以在一定的范围内对学生的行为进行引导，同时为学生在课堂外的真实行为做好相应的训练和准备。一是行为习惯的培养。好的态度和好的行为只有使它成为习惯，才能随时发现，随时应用并内化到人的本性中，才能一辈子受益。在思想教育教学中的行为习惯包括道德行为、文明礼貌行为、良好的学习生活习惯等。如家庭美德、职业道德、社会公德方面行为习惯的培养；如孝敬父母、敬重尊长、诚实守信、博爱仁慈，有责任心；等等。二是行为能力的培养。包括自我管理、自我教育、自我服务能力的培养，培养为未来生活而自主学习、选择和探索的能力，政治生活、经济生活、文化生活参与能力的培养。正确处理生活中竞争与合作关系的能力，增强依法办事、依法律己和依法维护自身权益的能力，发展采用多种方法特别是现代信息技术、收集、筛选社会信息的能力，等等。

思想信念是否能转化为学生的实际行为，受到多种因素的影响，包括学生具体所处的环境、条件，学生的意志等因素。因此，在行为层面上的教学有如下几点：

（1）言传身教，教师的行为示范。言传身教实质上是一种榜样示范法，通过教师的言谈和行为举止影响学生的思想和行为。教师是学生最好的榜样，在教学过程中，教师有意无意的行为都会影响学生的判断。这要求教师要对思想教育教学内容真学、真懂、真信、真做，只有如此才能让学生上行下效。

（2）在教学过程中规范学生的行为习惯实现训练目的。也就是教学过程本身就是学生行为训练的过程，习惯养成的过程。比如：在课堂管理的过程中培养学生守时的习惯，如不迟到、不早退；培养学生尊重他人的习惯，包括尊重教师、尊重同学，上课不讲话、不捣乱等，通过课堂管理使学生逐渐养成良好的行为习惯。

（3）让学生有更多实践的机会，实践教学法是实施行为领域目标的有效的途径。实践教学对思想教育理论课教学的拓展和延伸发挥着无可替代的作用。实践是主观见之于客观的活动，在主客观相互作用的过程中内含人全面发展的现实机制，使学生在认识世界和改造世界的同时改造自己的思想观念，增长才干，磨炼意志，培养品格。不论行为习惯还是行为能力的培养都是在实践中生成的。思想教育实践教学的方法形式多样，既有课堂实践的方法，也有课外实践方法。

（4）社会是个大课堂，当代学生要成长为国家栋梁之材，既要读万卷书，又要行万里路。社会实践对提高思想教育教学的说服力具有非常重要的意义，通过社会实践能拓展学生的眼界和能力，能充实学生的社会体验并丰富他们的生活，学生正是在社会实践和生产劳动中树立起对人民的感情、对社会的责任、对国家的忠诚。因此，要积极开展社会实践活动，让学生在亲身参与中认识国情、了解社会、接受教育、增长才干。有了这种积极认识，才有践行的动力。社会实践的方式有很多种，包括社会调查、志愿者活动、支教、勤工助学、各种公益活动等。

总之，认知、情感、行为三个领域的教学目标在实际生活中是相互作用、相互渗透的。实际上，有的教学方法是有多种功能的，比如实践教学法、情境教学法，既能促进认知领域目标的实现，也能促进情感领域、行为领域目标的实现。同时，教学方法和教学目标之间也并非一一对应的关系，不是选择了一种教学方法就一定能实现某个教学目标。教学目标的实现有着非常复杂的关系，仅从教学方法而言，一种教学目标的实现可能是一种教学方法导致的，也可能是多种方法共同作用的结果。这说明，教学方法选择的过程，不是用一种机械的方法为每一种目标选择明确规定的教学方法，而是一个创造性的过程。面对不断变化的教学活动，只有不断进行教学方法的科学、灵活的选择，实现方法的结构最优，才能发挥最佳功能，才能保证思想教育教学的有效进行。

（二）以思想教育教学内容为依据选择教学方法

教学内容是为实现教学目标服务的，是对教学目标的具体落实。依据教学内容选择主体的不同，思想教育教学内容可以分为三个层次：一是特定的社会和阶级所确定的、体现了阶级利益和阶级意志的教学内容；二是在具体的思想教育活动中，教育者根据相应的教学目的，按照思想教育教学的规律，对特定的社会和阶级所确定的教学内容进行筛选、组织、编制后形成的成体系的教学内容，体现为教材或者是教科书；三是思想教育课程执教者围绕教材和各种教学参考书进行选择、提炼后形成的教学内容。

这三个层次的教学内容具有一致的一面，但也有不同的一面。第一层次的教学内容比较宽泛，存在的形式多样。第二层次的教学内容则以教材的形式存在，内容相对集中。第三层次的教学内容是对第一层次和第二层次的融合、贯通和提炼，通过教学活动的形式呈现出来。因此，依据教学内容选择教学方法，既包括了依据教学内容的性质选择教学方法，也包括了教材体系向教学体系转化时教学方法的选择。

首先，依据思想教育教学内容与性质和特点选择教学方法。不同性质和特点的教学内容需要选择不同的教学方法来呈现。各门学科都有其专门的特点，不同学科性质的内容应采取不同的教学方法。如果按照学科类型来分类，教学内容可以分为自然科学类、社会科学类、人文科学类，思想教育属于社会科学类。在所有社会科学中，思想教育课程教学内容又有自己的特殊性质和矛盾，即综合性、理论性、思想性、政治性。如果按思想教育教学内容的目标属性分类，可以分为知识性内容、情感性内容、实践性内容。这里主要分析学科性质上的教学内容。

其次，教材体系向教学体系转化与教学方法选择。教材作为教学内容的载体，在实际的运用中，需要进行转化，即将教材体系转化为教学体系，而这种转化需要科学的选择方法。如今，思想教育课程的教材构成包括以下方面：在结构上，具有逻辑性、层次性、系统性和整体性；在内容上，具有科学性、思想性、综合性和实效性。一本好教材从学科角度在编写质量上被认定之后，怎样使它在使用效益上得到学生的认可和接受，充分发挥教育效益，使教材内容从静态的文本，成为好用的教材，就必须处理好教材体系和教学体系的关系，而灵活多样、富有技艺的教学方法则是把握和处理这一关系的重要环节和纽带。

二、科学运用思想教育教学方法

教学方法的科学运用是为实现教学目标，将多种教学方法科学地组合在一起，使其发挥整体的功能，是教学方法的综合运用。

思想教育教学的最终目的是帮助学生树立正确的世界观、人生观、价值观、道德观、法治观，提高自身修养，将学生培养成为有理想、有道德、有文化、有纪律的社会主义新人，成为德、智、体、美、劳全面发展的中国特色社会主义事业合格建设者和可靠接班人。实现这个目标不仅要求学生掌握科学知识，更要让学生明白自己承担的社会责任、历史责任，具备与社会和历史责任相当的知识和能力，说到底，就是要求学生成长为符合社会发展需要的德才兼备的人才。

学生的成长成才离不开知识，既包括间接的知识，也包括直接的知识。间接的知识也称为书本知识，是人类历史经验经过概括、提炼后形成的成果，它具有理论性、系统性，是简化了的经验；直接知识是学生在实践经验中获得的，它具有直观性、经验性、实践性等特点。经过间接知识的学习，学生学习到了间接的经验，然而学生要将间接知识转化为直接的知识和经验，就需要学生的直接经验作为前提。

人在适应外部世界过程中，不断地同化外部信息于自身认识的结构中，同时又不断地改变着认识结构自身以顺应外部环境。也就是说，在外部知识信息进入前，自身已存在一种认知结构。当新的知识信息和这种认知结构不相矛盾时，就会被吸收、纳入这个认知结构中，使这一认知结构得到强化；

当新的知识信息和这种认知结构相矛盾的时候，就会出现两种情形：一是新的知识信息完全被否定，保留了原有的认知结构；二是原有的认知结构被否定，构建起了新的认知结构。间接的知识是存在于学生外部的知识，它要转化为学生的直接知识经验，就必须和学生原有的认知结构或者说学生的直接知识经验有结合点，学生通过实践检验这些间接的知识是否符合原有的认知，如果符合，就将其同化到原有的认知结构中，形成学生直接的知识经验。如果不符合，要么将其抛弃，保持原有的认知结构，要么改变原有的认知。

因此，教学方法的运用就需要了解学生的前认知结构，也就是了解学生的直接知识经验。需要让学生通过实践来检验这些间接知识的科学性、正确性，以及是否符合自身需求。

不调动学生学习的积极性，没有学生的积极参与，思想教育课堂教学不能发挥引领学生正确认知的作用。为此，要运用好课堂教学的方法。第一，根据思想教育课程内容理论化、系统化的特点，要运用好专题式教学方法。第二，讲授法是所有课程教学的基本方法，尤其是作为具有很强政治性、思想性、理论性的思想教育，更要科学地运用好这一基本的教学方法。因为在思想教育教学中如果运用不好这一方法，就可能漫灌，形成无效教学。第三，在思想教育教学过程中，教师和学生都是教学过程中的主体，但教师处于主导地位，学生是具有能动性的主体。要充分发挥学生的主体性，就要运用好互动式教学方法。第四，鉴于当代学生具有主体意识强、独立性强等特点，可以构建自主型学习教学方法。

第三节　思想教育课程的课堂教学技能解析

一、思想教育课教学方法的技能

"相对于传统的教育理念和方式，现代教育更加注重发挥学生群体的主动性，通过师生之间的协作与互动，促进教学效果和教学目标的实现。"[1]

---

[1] 王楠.现代教育理念下高校思想政治理论课教学方法改革路向研究[J].中国军转民，2022(12)：74.

(一)采用启发式作为教学方法的指导思想

启发式教学思想是现代教育体系的重要标志之一,其基本含义就是要充分体现学生在教学过程中的主体地位,调动学生的主观能动性,引导学生独立思考、生动活泼地进行学习,融会贯通,并提高分析和解决问题的能力。所以,从根本上讲,启发式不是具体的方法,而是任何方法都必须遵循的指导思想。不管是传统的讲授法,还是现代的发现法,都应以启发式思想指导整个教学过程。传统教学注重以书本、教师、课堂为绝对中心,忽视培养学生独立思考的能力与习惯以及运用获得知识去解决问题的能力和科学的思维方法,造成教学方法的"填鸭式"硬性灌输。

因此,改革教学方法,不能只在具体的方式或技巧上打主意,而必须跳出注入式的圈子。启发式的明显特征是适应学生的现有水平,充分调动学生学习的主动性和激发学生积极的思维活动。启发式并不等同于简单的问答法,这种认识是片面的。那种看似有问有答、表面上热闹的问答法,实际上往往无法真正锻炼学生的思维能力。例如讲授法,教师讲得生动,能够精辟地揭示事物的内部联系,促使学生积极思考,学会分析问题、解决问题的方法,没有提问和回答,也是启发式教学。当然,贯彻启发式教学受多种因素影响,但是最重要的还是教师个人素质的提高和现代教学观念的形成,这是改革应该努力的方向。

(二)采用当今教学方法改革的精神为依据

现代教学与传统教学有内在的承续关系,但现代教学是在对传统教学批判继承的基础上发展而来的。它体现在教学方法上,就是革除传统教学中的以教师为中心、满堂灌、单线传授知识、忽视培养智能、照本宣科、死记硬背和要求过严、活动单调的陋习,同时以启发式为指导思想,代之以新的改革精神。当今教学方法改革的精神主要体现在以下三方面:

第一,以教为中心向以学为中心转移。加强对学生学法的指导,由以传播知识为重心向以掌握双基培养能力为重心转移,不仅重视教师的教,更重视学生的学。

第二,重视学生的智力发展。现代社会的发展已形成对基本素养要求的重心放在其智能发展上,这同时也是现代教学区别于传统教学的重要标志之一。要求从方法上重视对学生智力的发展和训练,让学生学得好、记得牢、学得活。

第三,由单一化向多样化方向发展。在传统教学中,教学方法是单一和枯燥的操作形式,教师讲,学生听,没有积极性,没有活动性,很难有丰富多彩的课堂气氛和活跃的动手、动脑机会。现代教学方法则是多种多样的,可以结合探索问题式的发现法和有意创设情境、注重无意注意的情景式、读与讲练结合的茶馆式以及尝试法、自学辅导法等,从而使学生的能力得以全面培养和训练,更容易激发学生兴趣,照顾学生个别差异,从而取得更好的教学效果。

二、思想教育课堂教学技能实施

(一) 课堂讲授技能

讲授是最古老的教学方法,在人类教育开始之前就已经存在。至今仍然是课堂教学中最为重要的,也是最为基本的教学方法。无论教师采用什么教学方法,都离不开讲授。教师必须通过讲授来传递知识、培养技能。因此,讲授技能是最为基本的教学技能。

所谓的讲授技能,就是指教师运用口头语言,运用分析、解释、说明和论证等方式,系统地向学生传授知识、培养能力、进行思想教育的一种教学行为的方式。教师讲授的时候,可以借助各种教学媒体,采用讲述、讲解、讲演、讲评等不同的方式来阐述事实、解释事物的本质,引导学生思维。新课程教学注重建构主义理论,强调学生的学,对讲授技能赋予了新的内涵。讲什么,讲学生终身发展需要的,讲授精华;怎样讲,科学性的讲授、艺术性的讲授、引导式的讲授才是学生欢迎的讲授方式。

1. 课堂讲授的功能

在使用讲授技能的时候,教学活动以教师讲、学生听的方式进行,教师通过口头语言,面向全体学生,根据学生的一般特点,进行群体教学。

(1) 高效、系统地传递知识信息。教师在教学过程中利用合乎逻辑的分析、论证,生动形象的语言描述来解释相关的概念、原理、结论,并科学地分析问题，说明本质，使学生在较短的时间内获得较多的知识信息，这是其他教学方法无法代替的。

（2）充分发挥教师的主导作用。教师运用讲授技能可以比较自主地确定主题和突出讲授的重点、难点，有的放矢地对学生进行教育，使教师的语言与行为有效地对学生施加影响，比较集中地体现了教师在教学中的主导作用。

（3）教学成本低，可控性强。教师运用讲授技能时，对教学设备基本没有特殊的要求，不受外界教学条件的限制，可以广泛使用。同时，运用讲授技能，教师可以灵活控制整个教学过程，时间巧配，难度巧定，教学的可控性更强。因此，在教学实践中，不少教师感到讲授技能比其他技能更容易掌握，而且运用起来更加安全、可靠，不易受到其他因素的影响。

2. 课堂讲授的要求

教师的讲授技能虽然是口语行为，但是，教师口语与一般的口语还是有明显不同的。教师讲授的口语有以下基本要求：

（1）讲授的规范性要求。课堂上教师必须使用普通话，注意语音的响度、清晰度、流畅度、语速。教师用词要恰当，句子表达要注意语法，分析推理要符合逻辑，陈述内容条理要清晰，重点要突出，讲授过程要注意师生情感交流，讲究文明礼貌。

（2）讲授的教育性要求。课堂讲授要求教师用自己的语言，向学生准确地讲授教材中的科学知识和所包含的思想意义。教师不能脱离教材实际任意增加意义，也不能忽视意义而使教学纯知识化。同时，教师的语言要富有感染力，能够引起学生的共鸣，使学生领悟思想教育的精神实质。

（3）讲授的协同性要求。讲授技能的运用总是与板书、演示、提问、表情等的运用协调同步的。同时，其他的教学技能的运用，几乎都要与讲授技能相结合。

（4）发展讲授技能。新课程教学下的讲授技能是根据学生发展情况、教育理念的深入、教育理论的发展不断发展和创新的。

（二）课堂教学讲解技能

讲解技能主要指讲解概念、原理的技能，是指教师用精确的语言向学生阐释、说明、分析、论证概念、原理，揭示事物的本质特征，从而使学生把握概念、原理的本质属性以及其基本特征的一种教学技能。

1. 课堂讲解的类型

(1) 解说式

解说式是指教师运用学生耳闻目睹的一些事例或其他材料，引导学生从事例或材料的情境中接触概念和原理，从而感知和理解。或者把未知与已知联系起来，对概念、原理做出准确而恰当的解释，以此来说明事物的本质属性和基本特征。

(2) 解析式

解析式是解释和分析概念、原理。有两条途径：一是归纳。分析事实和实践经验，抓住共同因素，概括本质属性，综合基本特征，用简练而又准确的词语做出结论，再把结论用于实践，解决典型问题，最后对相似的、易混淆的内容进行比较，指明分界点和联系点。二是演绎。先是讲明概念、原理，再举出正、反实例进行验证，分析它的内涵及应用范围，最后要求学生举例应用。

(3) 解答式

解答式以解答问题为中心，先从事实材料中引出问题，接着明确解决问题的标准，再提出多种解决问题的方法，进行比较、择优，进而提出论据，展开论证，通过逻辑推理得出结论，然后做出结论。

2. 课堂讲解的方法

(1) 解剖分析法

解剖分析法是指教师根据概念、原理内部结构的成分、特性和内在逻辑关系，把它们分解为若干个点和层次，逐点、逐层分析，逐步揭示概念、原理的内容与实质，从而帮助学生达到完整理解和掌握概念、原理的一种教学方法。

(2) 具体—抽象法

具体—抽象法也叫归纳法，指教师引导学生从概念和原理所反映的事物及事物相互关系的各种具体形式出发，从个别到一般，抽出它们的共性，从而把握概念、原理的内容与本质的一种教学方法。这种从具体事实和经验中直接推出事物及相互关系的本质特征的方法，符合学生的心理特点和认知规律，也同当前思想教育课教材的编写思路、方法、特点相符合，有利于教师对概念和原理的教学。

(3) 图示讲解法

图示讲解法是指教师根据概念、原理的内涵、外延、特征和内在的逻辑关系，用图形的方式把它具体形象化，并给予解析和说明，从而达到帮助学生深化理解和掌握概念、原理的一种教学方法。图示直观形象，易吸引学生的注意力，使其产生浓厚的兴趣，教师解释之后，便于学生形象记忆与理解。

(4) 温故知新法

温故知新法也叫以旧带新法，指教师根据知识之间的内在联系和逻辑性，从已知的概念、原理出发，通过判断和推理，引导学生由已知向未知过渡，并达到理解掌握新概念、新原理的一种教学方法。这种从已知推出未知的方法，既可以降低学生的理解、掌握新知识的难度，又能使学生将所学到的知识连贯起来，把握知识的完整性以及其内在的联系。同时，这种方法也符合学生的认知规律，有利于调动学生已知的潜能，把新知识纳入已有的知识结构之中。

(5) 举例说明法

举例说明法是指教师通过描述、分析、说明具体生动的事例，达到揭示概念、原理的本质属性及其特征的一种教学方法。简言之，以事明理。举例说明法包括正面例证和反面例证。

(6) 思考练习法

思考练习法是指教师对某一概念、原理，根据其内容和特点，从不同的角度、层次、侧面设计出不同类型的练习思考题，让学生当堂思考回答。通过学生思考回答和教师的评析，使学生当堂掌握概念、原理的一种教学方法。

(7) 演绎法和变换提示法

第一，演绎法是指教师从学生已知的一般概念和原理出发，引导学生运用这个一般概念和原理去认识同其有内在联系的具体概念和原理，从而获得理解这个具体概念和原理的一种教学方法。简单地说，就是从一般到个别的教学方法。

第二,变换提示法是指教师根据概念和原理的内容与特点,从不同角度、层次和内在逻辑关系向学生发问或暗示,激起学生积极思考,从而引导学生科学、完整地理解掌握概念、原理的一种教学方法。

除了以上的教学方法外,教师在实践中还可根据自己的经验,创造出多种多样的、行之有效的具体教学方法。

3. 课堂讲解的要求

(1) 科学性

要使学生能够正确、完整地掌握概念和原理,教师应做到以下方面:

首先,教师应准确、完整地掌握概念和原理的科学含义,领会其精神实质,这样才能在讲解时防止庸俗化,避免牵强附会,才能充分发挥教师的语言表达技巧,从不同角度、用不同方法灵活地讲解概念和原理。但在语义上要保证学生听得懂,听得完整,不断章取义。

其次,教师讲解概念、原理时,只能尊重教材的定义和解释,不能把学术界有争议的解释带入课堂,以免引起多解和歧义,造成麻烦。

最后,教师要采用科学的语言,每一门学科在其发展的过程中都形成了自身的理论体系和特有的概念范畴,从语言的角度来说,就是专业术语。思想教育课讲解概念、原理,要运用本学科的专业术语。

(2) 诱导性

教师需依据概念和原理的内容与特点、学生的情况及自身的特点,充分利用所有可用的教学手段,选择适宜的教学方法,创设适当的教学情境,引导学生独立思考概念和原理。

(3) 趣味性

趣味性指讲解能够引起学生的学习兴趣。由于概念、原理本身较为抽象,教师需使学生感兴趣,讲解需生动具体,使学生感到概念、原理不空洞,大有东西可学。追求趣味性要防止庸俗化,不能为趣而设趣,否则就会失去思想教育课概念和原理讲解的严密性、战斗性和思想性,也不能真正切实有效地分析、解释、论证概念和原理,达不到教学目的。

(4) 联系性

联系性是指理论需联系实际,讲解概念、原理需贴近生活、学生思想的实际。例如在教材中引用了大量全国性、国际性的事例,因此教师在教学中不仅要清晰解释教材中的事例，还要注意联系本地的实际进行讲解，使学生感到亲近。

(5) 符合学生认知规律

由于概念、原理比较抽象，教师的讲解分析若不符合学生的认知规律，就不能被学生接受、理解，长此以往，学生可能对思想教育课产生逆反心理。这就要求教师在讲解时，必须遵循学生思维活动的规律，从感性材料出发，由浅入深、由易到难、由具体到抽象地进行解释、分析、论证，这样学生听起来才有味道，才觉得深刻，能启发思考能开启学生思维和想象的大门，拓展学生的思维空间。只有这样，学生才能真正理解和掌握概念、原理的本质特征。

(6) 逻辑性

教师要想真正使学生对理论知识达到懂、信、用的程度，除了准确、完整地传授，还必须坚持从理论知识自身的逻辑思路来分析、论证概念和原理，层层深入、环环紧扣，逐步揭示出概念和原理的本质特征。这样才能使概念和原理的讲解体现出科学性、逻辑性。教师讲解分析时，语言表达必须符合逻辑性，要准确、简洁。

第四节　思想教育课程与心理健康教育的融合

一、思想教育与心理健康教育在内容上的融合

思想教育与心理健康教育在内容上的有机结合，就是不要把二者的内容截然分开、彼此孤立，要做到思想教育内容中渗透并存在着心理健康教育内容，心理健康教育内容中渗透并存在着思想教育内容。

(一) 思想教育中融合心理健康教育内容

在思想教育中加入引导学生如何认识自己、如何成功地进行人际交往、如何发展个性心理、如何学会正确生活、如何选择与个体相适应的专业与职业等方面的知识，提高学生对心理素质的重视，有利于学生完整人格的发展。在课堂教学中，也可以遵循心理学中的一些规律，来开展思想教育工

作。例如首位律和新奇律的运用：在遵从首位律这一规律上，我们可以将思想教育中一些重要的正确观点在上课之始就阐述出来，以便给学生留下深刻的印象，然后对此观点进行讲解、分析、阐释、联系，这样就能有效地引导学生；在遵从新奇律这一规律上，新奇律强调的是，在同一系列的不同观点中，首次提出的观点比那些已被人熟知的观点更具说服力，如果一个观点能在时间上使人产生新鲜感，在空间上使人产生亲近感，就容易被接受。所以，在思想教育中应经常采用新鲜的、特别的方式来阐明观点，或用一些近来发生的新鲜事例对观点进行说明，从而唤起学生的好奇心和求知欲，使学生由被动接受知识变为主动寻求知识。

(二) 心理健康教育中融合思想教育内容

当前心理健康教育与思想教育在很多方面还是处于相互孤立的状态，特别是心理健康教育，对于思想教育的借鉴和吸收很少，为了顺应当代学生心理发展的要求，必须在心理健康教育中渗透思想教育。

首先，心理健康教育需要思想教育的参与、指引、把握，学生的思想意识会制约其心理机能的发挥，而思想意识又会受制于他们在学习生活、社会实践中形成的三观。要拥有健康的心理，学生必须具有正确的思想观念和合乎规律的理想信念，遵守道德规范，这就要求在心理健康教育过程中，教育者要用思想教育的理论知识引导学生坚持正确的思想方向。

其次，在帮助学生疏导和解决心理问题时，要适当地渗透思想教育的内容，采用马克思主义辩证法的思想引导学生理性地思考问题，分析问题，结合心理健康教育的方法引导学生正确认识和解决问题。

二、思想教育与心理健康教育在方法上的融合

(一) 思想教育方法融合于心理健康教育

心理健康教育主要是通过隐蔽而非公开的方式进行的，教育工作者为上门的学生提供咨询服务，该方式的优势是可以为来访者保密。然而当代学生大多数年龄相当，生活的校园环境相似，因而显现出的心理健康问题具有普遍性。因此，在开展心理健康教育时，需要摒弃以往的教育方式，由被动

变为主动，将思想教育中的公开化、大众化等方法运用到现在的心理健康教育中，通过课堂教学向学生展示常见的典型案例并介绍如何解决此类心理健康问题，使学生在充分认识到自身的心理健康问题同时能够积极主动地采用教师提供的方法解决问题，这样就大大提高了心理健康教育的实效性。除此之外，心理健康教育还可以利用讲座、小组讨论的方式来解决心理问题，充分挖掘学生的主观能动性，激发学生的学习兴趣，使学生树立健康的心理观念，从而帮助学生提高心理素质。

心理健康教育借鉴思想教育的工作方法，就是一方面要充分吸收思想教育方法的有益成果，另一方面又保持自身学科的特色，将思想教育的集体性和心理健康教育的特殊性有机结合在一起，能更好地促进心理健康教育的发展。

(二) 心理健康教育方法融合于思想教育

从心理学的角度看，不同的个体存在差异，这主要是由人的先天条件和后天成长环境所造成的。对学生群体来说，他们正处于新一阶段的心理变化时期，不同的成长环境以及自身的生活经历导致学生在思想以及心理上出现差异。针对同一事物，不同的人做出的反应是有差异的。所以，思想教育要利用心理学上的个体差异理论，充分考虑学生的个体差异，选择有针对性的教育方法，取其精华，去其糟粕，有效发挥学生的主观能动性，提升学生的学习水平。

在具体实践过程中可以通过以下方式实施个体差异的教育：

第一，学生个性不同，对学生的心理特点要进行沟通了解，通过合理的方式引导他们更好地发展个性，而且要做到符合时代发展的趋势，更好地运用学生的顺势心理，抓住时机，及时地开展思想教育，以取得预期的成效。

第二，对从事思想教育的教师来说，需要更深入地了解学生的学习生活，同学生保持既是教师又是朋友的关系，增强学生对自己的信任，在信任的基础上，学生会向教师呈现真实的自我，教师就很容易了解到学生的最新思想动态，这样就有利于教师及时调整教育方法来引导学生向正确的方向发展。

第三，思想教育的教师需要重视特殊群体。对教师而言，应当更多地关注具有特殊性格、特殊看待问题与处理问题的学生，及时给予正确的引导，疏解学生的心理压力，解决学生存在的心理问题，避免悲剧的发生，将心理健康教育的个性化差异方法融入思想教育中。

三、思想教育与心理健康教育师资队伍的融合

思想教育与心理健康教育在师资队伍上的有机结合，就是不要把二者的师资队伍截然分开、彼此孤立。要做到思想教育教师可以开展一些心理健康教育活动，心理健康教育教师可以开展一些思想教育活动，进而打造一支既能进行思想教育，又能进行心理健康教育的强有力的师资队伍。

（一）思想教育教师开展心理健康教育活动

从促进学生全面发展的需求来看，心理健康教育已成为思想教育不可或缺的重要内容。思想教育教师不再仅仅是思政教师，他们必须并且应当承担起学生心理健康教育的重任。所以，在思想教育工作中，教师应结合心理健康教育的内容和目标，对学生开展心理健康教育。面对新的学习和生活环境，学生遇到的很多思想问题与心理问题是交织在一起的，而且根据学生心理发展特点，每个阶段学生遇到的思想和心理矛盾各不相同，这就要求思想教育者在引导学生坚持正确思想方向时要依据学生不同阶段的成长需求，适当开展与需求相适应的心理健康教育。思想教育教师开展心理健康教育可以提升思想教育的针对性和有效性，促进学生的全面发展。

（二）心理健康教育教师可以开展思想教育活动

以往担任心理健康教育的教师主要专注于学生心理问题的研究和治疗，为学生提供心理咨询服务，他们所掌握的知识也仅限于心理健康方面的专业知识，而对思政方面的知识知之甚少，因此在学生思想教育方面就不能发挥相应的作用。但是作为德育教师中的一员，心理健康教育的教师也承担着育人的任务，所以心理健康教育教师需要在逐步提升自身专业素养的同时，还要在思想上端正自己的政治理念，用坚定的意志和信念以及中国特色社会主义理论武装自己的头脑和思想，用道德准则规范自己的处事行为。这样才能保证心理健康教育教师在对学生进行心理辅导时，能够及时准确地把握住学

生思想的动态、观念的变化、主张的正误,合理引导学生形成正确的价值取向,从而全面地帮助学生解决问题。

(三) 创建能进行思想与心理健康教育的师资队伍

打造既能进行思想教育,又能开展心理健康教育的师资队伍,首先是提高教师队伍的专业素养,增强实践经验;其次是统一两支教师队伍的管理。

提高教师队伍的专业素养,增强实践经验是首要条件。实事求是地讲,现在大部分思想教育工作者,由于缺乏心理学方面的专业素养,还不能有效开展心理健康教育,而心理健康教育者也缺乏思想教育的理论知识,两者的实践经验都不足。所以,现阶段必须强化从事思想教育和心理健康教育的工作人员对彼此专业知识的学习,增强两者的实践经验,增强实践经验是提升教师专业素质的前提。安排两种教育教师走出校园参加彼此专业的教育研讨会或者是课堂教育观摩活动,并要求外出的教师回校做经验交流的报告;学校可以组织思想教育教师免费参加专业的心理咨询培训,通过考试获得心理咨询师的资格,组织心理健康教育教师走进思想教育的课堂进行教学观摩;或者鼓励两种教师在职攻读彼此专业的硕士或博士学位等,这些都是增强教师实践经验的有效方式。

统一两支教师队伍的管理。心理健康教育的教师可以纳入思想教育教师队伍中进行统一领导和管理。统一制定思想教育和心理健康教育教师的任职资格标准,都实行准入制度;两种教师的选拔和任用也要按照统一的标准进行,都实行聘任与竞争相结合的上岗工作制度;重视对两种教育课堂教学的考核,健全科学合理的考核制度,对课堂效果好并受学生喜爱的教师,给予相应的奖励,对课堂效果差,不能胜任教育任务的,要重新考虑是否对其继续聘用。

第四章　思想教育工作的保障管理

新时代是具有新的思想文化的时代，要坚定文化自信，首先要加强思想教育工作，做好思想教育工作的保障。本章研究思想教育工作的激励管理、思想教育工作的校园环境保障、思想教育工作的教师资源保障、思想教育工作的教师队伍保障。

第一节　思想教育工作的激励管理

"在学生管理策略中，激励管理的融入起到了'正向引导'的作用，它能够激发学生的自身潜能，充分调动学生的积极性，从而塑造突出的教育成果。"[1]

一、科学的激励原则

原则是指人们言语表达、行为举止所依据的准则或规范，探究激励原则的优化升级，直接目的是使教育主体突破思维盲区，顺利调动学生的积极主动性，挖掘其潜能，培育社会主义的坚定拥护者和继承人。

（一）物质激励和精神激励并行

物质激励的存在满足了学生的低级需求，精神激励则帮助他们实现更加高级的需求，对教育对象来说，同时需要从物质和精神激励中获取养分，满足自身成长。物质激励中的精神因素会间接地提高激励水平，而精神激励中物质因素的刺激会间接地增强激励效果，两方面并不是相互独立的，具有无数个交叉点。因此，我们要善于从物质激励和精神激励中取长补短，实现

---
[1] 杨焱勋，牛金榜.高校学生管理工作中激励效应的应用略论[J].才智，2022(16)：158.

两者间优势最大化，充分满足学生的一般需要、特殊需要，实现激励理论在学生思想教育活动中的积极效果。

将物质激励作用于学校教职工群体，在聘用新教师和留用老教师的问题上，提供与教师学历、级别等相一致的酬劳激励，包括基本工资、津贴补助、医疗养老保险、住房公积金、年终贡献奖金等，更应该对工作积极上进、科研成果突出的教师提供适度的课题研究经费，并有效解决子女教育、家庭住房等问题，让教师能舒心工作、安心搞科研，提高自身修养，更加关注学生的学习和发展，增强教育工作的积极创造性和工作效率；在开展学生的思想教育工作中，有区分地给予学生一定的物质性奖励，如学期中段的成绩优异奖、学期末段的最佳进步奖、家庭经济困难学生的生活补助奖等，并且要促使学校重视并改善学生的学习条件，合理规划学生自习室空间、发挥条幅报窗的积极作用、引入国内外先进科研成果、引导学生充分利用图书馆资源。

精神激励是通过一系列非物质性手段，满足个体高层次需求的本质措施，这种激励原则相较于物质激励更具有持久性。教师在物质需求得到满足的条件下，会全身心投入丰富自我精神需求的过程中，如心理健康需求、休闲生活需求、职业价值需求，民主参与需求、自我能力发展与自我实现需求等，面对教职工的上述需求，学校应予以相应的精神激励措施，教师自身的精神需求得到满足后便更加尊重、理解学生。学生进入学校深造，其初衷就是对知识的渴望，在教学过程中，注重培养他们勤奋笃学的学习态度，关注具有组织能力的学生，对他们委以重任，并帮助其加入学生管理工作中，为具备特殊专长并富有表现欲望的学生创造演出平台，提升他们的参与意识。教育者要尊重学生的心理需求和人格发展，培养其高尚的道德情操，对人生和生活的积极乐观态度，以及战胜逆境的强大心理素质。

（二）内在激励和外在激励相结合

在学生思想教育活动中，内在激励是指教育主体以启发诱导的形式来激发教育对象的积极主动性和创新能力，促进他们养成高度的自我控制力和行为自觉性，激发内部的潜在能量。内在激励的主要表现是教育者对学生群体实施思想政治、道德规范的教育教学，坚持以理服人、以情动人的激发式、鼓励式教育，让他们在心中获得启发、受到触动，调动抽象化的内在自我潜能，从而帮助学生提高思想认识、增强自我信心、明确动机方向。外在激励是指教育主体通过客观外部环境的资源整合来刺激教育对象产生或削弱某些需求动机，以此强化或弱化学生的某些行为。外在激励的主要表现与内在激励恰恰相反，是建立在一定的强制性行为准则基础上，制定并执行相应的规章制度，鼓励、支持一部分行为的出现，限制或禁止另一部分行为的产生，从而引导学生的各种需要。

从含义和表现形式来看，内在激励最终源自本身，而学生的各种需求都是通过个人的积极努力获得满足的，从这个角度而言，内在激励比外在激励更具稳定性和持久性，在教育培养中应占据主导地位。但是在实践活动中，如果没有外在激励的强化和保障，内在激励便不能恰当发挥作用，内在需求动机更可能会被弱化或逐渐消失。因此，思想教育者要将内在激励和外在激励紧密联系起来，仅仅依靠单一的内在激励不能起到较好的激励效果，两者相互结合才能事半功倍。学校在表彰优秀学生时，除了发放一定数量的奖学金，还要给予学生荣誉称号；在表彰优秀学生干部时，除了颁发相应级别的荣誉证书，还要在院系、校园内公开表扬他们的工作成绩、奉献精神等。这些内外互通的激励活动，对学生的激励效果更强、更持久，使接受激励的学生产生荣誉感、自信感，促进他们为维护自身良好形象而继续努力，带动周围学生为得到表扬而优化自身行为。

（三）个体激励和群体激励互补

人们在不同社会环境中的社会角色有所不同，归属于不同的社会群体。个人受社会群体的影响较深远，若自己所在群体被评为优秀单位或先进集体，每位员工都会感到骄傲和自豪，工作起来干劲十足；若自己所在群体风气不正、效益低下，员工只会情绪低落、得过且过。反之，个体待人接物的不同态度使所在群体的发展程度也受到影响，若每位员工勤奋工作、诚信做事，短期内群体获得的成绩会大于个体能力之和；若员工不思进取，工作时相互推诿，从长远来看，群体已拥有的辉煌成就必然走向衰落。单独的个人激励，容易导致个人主义的错误价值取向，不利于学生树立集体主义精神，虽然激发了个体的积极性，但团队协作意识相对薄弱；单独的群体激励，容易导致平均主义的错误价值取向,不利于学生竞争意识的培养,磨灭了个体的创新性,组织成绩平平,很难培养出社会需要的精英人才。这样看来,在学生思想教育活动中,必然要始终坚持个人激励与群体激励相结合的原则,这有助于教育对象客观地评价自我与他人,理性选择自己的思维与行为方向,更有利于群体统一行动,为提升群体能力凝聚力量,二者相得益彰、和谐发展。

学生的高层次需求占自身需求总量的大部分比例,远大于对低层次需要的追求,所以,对他们的激励应该多倾向于群体激励,确保群体激励的目标导向与学校人才培养目标、学生的自我实现目标相一致。在实际操作中,既要注意不同年级不同专业学生的个体特征,又要考虑目标的适用范围和普遍性;既要跳出小范围内的空间限制,又不能过度关注学生的个体需求,忽视针对学生群体的世界观、人生观、价值观塑造,时刻注意个体激励与群体激励的灵活性、多变性以及两者间的相互转换。个体激励与群体激励的正能量互惠,促使学生自觉地将他律转向自律,鼓舞学生积极向上,并且端正面对受激励者的良好心态。教育者要继续扩大激励的适应范围和群体效应,从有限的几位典型人物扩展到大多数学生的周边范围,形成每个学生互相追赶、争先进步的群体氛围,真正做到个体激励与群体激励的协调一致。

(四) 正面激励和负面激励相结合

正面激励是指对于那些与学生思想教育活动目标相一致的行为表现的奖励,以增强这些有效行为的出现频率,保证组织目标的顺利实现。正面激励的主要表现包括奖学金、助学金等物质激励物,还包括赞赏、改善学习环境等精神奖励。负面激励是指对于那些与学生思想教育活动目标不一致的行为表现的惩罚,以降低或终止这些无效行为的出现频率,扫清阻碍组织目标顺利实现的干扰因素。负面激励的主要表现包括减少或取消奖学金、通报批评、留级等,还有一种特殊的负面激励就是取消正面激励。当前学生思想教育过程中,更倾向于实施正面激励,而忽视了负面激励的积极效用,学校思想教育者应注意将正面激励和负面激励结合在一起,正面激励当然能够激励人心,但负面激励可以给人以警示,有效阻止相同或同类错误的再次出现,维系正面激励的良好成果,两者间的互助运用会收到相当可观的激励效果。

为了达到激励的预期效果,实施正面激励和负面激励过程中要注重强化方式的运用。开展正面激励时,对于学生群体的强化要选择连续且固定的形式,即对于每一次出现的符合学生思想教育活动目标的行为都予以奖励,或者在每段固定时期予以奖励;对不同的学生个体来说,要采取间断且不固定的强化形式,教育者依据个体需要和行为变化在学习生活中的反映,不定期地实施奖励,每次激励的刺激量也应有区分,使每一次激励都得到预期效果。实施负面激励的目的是为学生提供机会,帮助其改正错误,虽然在实践操作中会有处置不当的情形发生,但教育者不该为了避免复杂问题的出现、减轻工作压力而放弃对负面激励的使用。进行负面激励要注意把握好分寸、掌握好度,教育者对学生进行批评、惩罚时,要保护他们的自尊心,尽量宽容处理,给予学生重新来过的机会,尽量避免对同一学生相同问题的反复纠正,不要加重他们的心理负担;教师进行批评教育时不要情绪化地对学生全盘否定,可以先褒扬后批评,一味地打击只会助长学生的叛逆心理;教育者不应依据自身喜好而对教育对象实施负面激励,惩罚面前依旧人人平等,这份公平必须坚持;实施负面激励的前提是教师清楚地分析了事情的原委,不要情绪冲动、盲目行事。

二、创新的激励方式

(一)目标激励

人的需要引发行为动机,目标便是刺激人们实现行为动机的力量源泉,同时也是激励活动的最终指向,目标本身具备的激励性对于个体行为有较强的驱动作用,代表着奋斗方向,可就群体而言,它表现为行为规章、组织纲领。所以,个人或组织主动适时地提出各种各样的目标,是相当关键的,如果没有强烈的意愿和渴望实现的目标,就会失去进取的热情和努力的方向,更容易导致慵懒情绪和盲目行为的产生。在某些阶段,如果针对个人或群体确定了一个振奋人心而又符合实际的奋斗目标,必然会刺激个体潜力和才能的充分发挥,向着目标勇往直前,扫清成功路上的一切障碍,定能获得实现目标的喜悦。系统目标不能够激发学生的学习动力和奋斗热情,一定是目标的设定缺乏针对性,与学生的现实需求差距过大,没能激发起学生的兴趣点，抑或是学生努力过后仍旧无法实现。所以，学校教育者实施目标激励时，要注意刺激量的大小和激励的程度。

（二）情感激励

学校思想教育关注学生的内在需求，即通过激发他们内在的积极情感，实现激励的目的和效果。学生处于生长发展的成熟期，身体与心理的变化非常显著，尤其是情感发展，他们对情感的体验更加深刻，对情感的表达更加深沉，学生的情感发展对其学习、生活、工作的各方面都有渗透性的影响。情感激励，是指教育主体运用自身的情感、言语或非言语等形式对教育客体进行的思想和情感沟通，充分满足教育客体的情感需要，激发他们的积极主动性，促进学生心理的健康发展。长久积蓄的不良情绪会极大危害到学生的身心发展，所以，在学生面临学业或生活困境时，教育者及时有效的情感激励会增加他们的自信心，提高学生调整自我情绪的能力和水平，剔除不良情绪，转变消极思想为积极行动，促进师生间的顺畅沟通，形成真诚的师生友谊。

（三）榜样激励

榜样自身就属于一种目标激励，树立榜样能够激发学生的进步思想和行为，他们通过效仿或学习榜样来完成榜样的事例，这本身就是一个自我完善的过程。榜样激励是指学校教育者公开树立先进人物，通过他们的先进思想或事迹来教导受教育者，以提升学生的思想意识、道德素养和行为规范。榜样激励具有的强大影响力是因为人们自身有较强的模仿能力，而学生的模仿能力更突出。榜样的强大感召力能让学生产生情感共鸣，了解到哪些言语或行为是被支持且能够受到嘉奖的，为他们的自我反省提供了正面素材，使思想认识更为深刻，通过对榜样的全面学习，不断提升自身素养，将外在的榜样精神内化为努力奋进的推动力量，提高学生的学习积极性，从而实现榜样激励的教育目的。

（四）荣誉激励

人们获得的荣誉代表着个人在社会生活中的存在价值，是精神生活的重要构成部分。荣誉是指个人或集体在某些领域的成绩较为突出或有重要贡献时,得到的奖赏或表扬等肯定性质的精神激励,这些都属于积极性评价。荣誉感是人们获得某种荣誉时产生的心理意识,是自信心、进取心的表现,因此,教育者要使学生产生荣誉感,应该注重对学生自信心、进取心的培养,这些心理是荣誉感产生的前提和基础,同时自身荣誉感的形成又反过来影响它们。荣誉激励是指教师运用一切资源,调动学生努力学习、踏实工作的积极向上的内心力量,基于学生渴望获得同伴群体、教师、社会的认同,对那些拥有显著成就的人,公开实施荣誉奖励,以此鼓舞、鞭策受奖励者继续努力、保持荣誉,使其产生自豪感和荣誉感,更重要的是,对其他同学的激励作用,让他们心生羡慕的同时勤奋努力、有所追求。

(五) 竞争激励

改革开放程度的加深,社会主义市场经济弊端的显现以及知识经济时代的蓬勃发展,我国学生群体面临着全新的机遇和挑战,学校教育者要注重培养他们的科学竞争意识。竞争是为满足内在需要诱发自身奋发进取的一种主动式思想,而激励的核心恰恰在于调动个体的积极主动性和创造力,为实现内心愿望而努力奋斗,两者具有高度的内在一致性。竞争激励是指通过竞赛活动、相互比较而进行的嘉奖方式,显而易见,这种激励方式的有效实施关键在于学校、教育者的积极行动,提供竞争平台和实践场所。具备竞争意识的学生,可以清晰认识到自身的不足和优势,化压力为动力,保持行为动机的活跃性,提高学习效率和思维敏锐度,作为集体成员参与竞赛活动时更能体现出高度的责任感和集体荣誉感,增进了同学间的沟通和交流,竞争活动后的信息反馈更为学生自身发展提供良好的借鉴。

三、营造良好的外部激励环境

影响个人行为的因素往往来自两方面:一方面是自身能力和心理素质,另一方面就是外界环境。学校思想教育者科学运用激励理论不仅需要有较高素质的教师队伍,外部资源环境的影响也是至关重要的,学校思想教育活动同样处在相关的环境之中,环境是激励理论实施的外部条件,因此,学校、家庭、社会环境对于激励效果有重要的影响。

(一) 强化校园文化环境建设

学校要为社会主义现代化建设培养合格的建设者和可靠的接班人，不仅是教授学生科学理论知识，更要加强对学生的思想教育工作。校园文化环境有积极和消极的不同作用效果，积极的校园文化环境是健康向上的，改变或限制学生的不规范行为，让他们在潜移默化中受到影响，使学生之间形成一种隐性的约束力，增强全校师生的凝聚力，这是我们要在所有学校大力倡导的；消极的校园文化环境是堕化腐朽的，使学生变得道德败坏、人生观扭曲，这是我们要在所有学校坚决抵制的。

学校师生是校园自然环境的主要建设者，更是最终受益者。良好的校园自然环境能够让全体师生感觉到安逸舒适、温馨浪漫，激发起他们的勤勉奋斗精神，并能产生恒久的精神力量，各所学校对自身的校园自然环境建设要求有所不同，但总体而言，都应该是环境整洁、布局合理、绿草如茵、鸟语花香等，其中都蕴含着正向的激励信息；学风是指学校师生在学习或科研工作中的态度、方式、目标等方面长期养成的精神状态、心理特征等，这是一种群体文化氛围，不良风气会导致学生怠惰、行为懒散，所以教育者应在全校树立良好的学风，它可以用其群体文化氛围对学生形成积极影响，促成互相鼓励、相互追赶的激励氛围；教育主体要确保校园文化价值观形成及推广的系统性，这是一个长期目标。教育者应该合理规划文化价值观的内涵、宣传方式和途径，更加要注意的是，善于整合多种传播媒介，如条幅、报刊栏、网站、微信等，加大宣传的力度和广度，使全校师生深刻理解校园文化价值观的概念和意义；学生与学生、学生与教师之间的相互交往是复杂多变的，学生还没有成熟到能够独立妥善地处理人情世故，所以教育者要主动为其营造一种良好的人际交往环境，让他们懂得互助互爱、相互尊重，提高学生思想教育激励措施的积极效果。

(二) 发挥家庭环境的育人作用

对子女而言，最亲近和信赖的人就是家长，家长的行为举止和态度观念极大地影响着学生的认知理念、处事态度和人格品质，对学生世界观、人生观、价值观的确立都会产生巨大的影响。家长应该从长远利益角度出发，在重视孩子学习成绩的同时更不能忽视对其品德素质的培育，提高对子女品德修养发展的关注，摆脱只重视结果不问过程的功利思想。家庭教育是推进德育建设的基础方式，学校对学生的诚信教育必然离不开良好家庭教育的大力支持，为了更好地发挥学生先进青年的榜样模范影响力，更应该注重家庭教育在完善学生思想道德品质塑造方面的积极作用。

首先，父母应成为有较高思想道德素养的家长。青年人对思想道德观念的最初认识是从父母那里模仿过来的，如果父母经常言行不一，想让生活在这种环境中的孩子对他们有一种赞同的态度是很困难的，因此，父母要严于律己，不断提高自身思想道德水平，做好孩子的榜样，任何时候都要保持言行一致，真正做到"时时讲道德、事事讲道德"，对子女的不规范行为应及时发现并坚决制止，净化家庭环境，实现在家庭生活中人人讲道德的良好氛围。

其次，家长要转变自身的思想教育理念。学生的可塑性极强，家庭环境对孩子各方面品质的塑造既是潜移默化的，又是持久的。父母是孩子的启蒙老师，每个家长都希望看到孩子学业有成、工作顺利、家庭幸福，没有哪位家长期望自己的孩子成为一个失德的人，更不会有哪个家长希望看到自己的孩子踏入社会后上当受骗，所以有这些狭隘思想的父母应该尽早转变思想。与此同时，父母应该积极配合学校对学生的思想教育工作。每位父母都有责任和义务配合学校做好学生的思想教育工作，帮助子女养成良好的道德习惯，夯实思想教育的基础。家长应该主动与学校联系，了解孩子在校学习及日常生活中的思想状况，如果发现学生做出失范行为，应与教师在思想上协调一致，并对孩子进行有效制止、沟通疏导。

（三）净化、改善社会环境

每个人都是社会人，时时刻刻与周围事物发生直接或间接的联系，而学校作为社会的一个部分而存在，必然受到社会人环境的影响，所以应注重发挥社会环境对学生成长成才的积极导向作用。当社会成员中的多数人缺乏健康的思想道德观念时，其消极影响力或许会大于学校思想教育的约束力，所以为当代学生营造一个和谐的社会环境，是整个社会不可推卸的责任和义务。社会主义市场经济与社会道德规范相结合，既有可能成为推动社会道德进步的积极因素,又有成为阻碍道德进步的消极因素的趋势。因此,要增强全社会道德建设的力度,改善社会环境,为青年学生的健康成长提供良好的环境氛围。

全社会应学习社会主义科学发展观,弘扬中华民族的传统美德,以增强思想道德意识。在没有法律强制监督的情况下,要使纲要的规范要求更广泛地约束人们的行为。我们要动员社会各方力量,统一思想,发挥优势互补,相互促进,在全社会形成一种思想健全、道德高尚的社会氛围;在社会主义市场经济下,诚信成为企业生存立足的基本素质,所以应不断增强企业的社会责任感。在参与市场竞争中,企业应该做到杜绝生产假冒伪劣产品,不做虚假、夸大其词的广告或促销活动,按约定对产品进行更换、退货或售后服务,为社会提供物美价廉的产品等。可以组织学生参观信誉度较高的企业,在参与社会实践的活动中把诚信内化为自身的思想观念和行为准则,真正做到知行统一;媒体应充分发挥自身的舆论导向作用,加大对优秀思想道德品质的宣传力度,培育全社会形成"守信光荣、失范可耻"的思想道德意识。通过网络、电视、报刊、广播等各种途径对有较高思想境界的现象或人物大力宣传,同时对那些出现失范问题的现象或人物进行深刻批判,通过对比更直观地体现出提升自身思想道德品质的重要性,使这种观念深入人心,从而营造良好的社会氛围。

第二节 思想教育工作的校园环境保障

一、校园环境与学生思想教育的关系

校园环境是学生健康成长,并不断走向社会化的重要土壤,校园环境是指学校中能够对学生的身心发展产生实际影响的全部条件。校园环境和思想教育属于不同的范畴,但两者又相互影响、相互促进。良好的校园环境对学生思想教育有潜移默化的作用。对学校来说,营造一种积极向上的环境,往往比制定一大堆刚性的规则或制度更为重要,因为校园环境是一种无形的磁场,它对师生的影响和教育是无法估量的,也是刻骨铭心的。让学生浸润在良好的校园环境里,可以促进学生的健康成长,促进学生的全面发展;否

则会大大影响学生的成长和发展，甚至会造成学生终身的精神残疾。校园环境与思想教育工作具有以下关系：

(一) 校园环境建设与学生思想教育工作相辅相成

学生思想教育工作是当代学生教育的基础，是学生保持先进性的必要条件，是营造良好校园环境的根本。思想教育工作不仅对提高学生的科学文化知识有非常重要的推动作用，也是使校园环境纯净化、严谨化、健康化的一个必要基础。校园环境的硬件建设会对思想教育起到一定的作用，校园软环境更是学生思想教育工作的一个组成部分。所以，校园环境的建设，会从不同角度影响学生思想教育工作。当前应拓宽思想教育工作的主渠道，紧跟校园环境的发展布局，整体协调、推进校园环境的提高，使思想教育工作更具有影响力。

(二) 学生思想教育工作对校园环境建设具有导向作用

学生思想教育工作是用科学的马克思主义理论武装学生的头脑，使当代学生形成科学的世界观、正确的人生观、明确的价值观，同时也为校园环境的营造指引了方向。在多种文化思潮的冲击下，学生的思想受到了一定影响，他们有了一定的自主意识，但思想构成又极不成熟，如果没有根本的理论思想指导，时尚文化会把他们领向追求享乐之路，西方文化的冲击会使他们丢弃传统。学生既是校园环境的营造者，又是校园环境的组成者，所以，从有利于思想教育工作出发，是校园环境建设的根本要求之一。

(三) 良好的校园环境将促进学生思想教育工作的进行

校园环境包括硬环境和软环境，硬环境包括物质环境，软环境包括校园文化环境和校园人际环境等。无论哪一种环境，无不渗透着学校文化气息，体现着精神风貌、治学态度、工作作风；校园环境的优化会为学生思想教育提供一个良好的外部因素，提供更广阔的空间。

二、校园环境的营造

(一) 凸显校园环境的主体性

校园环境的主体性应具有布局合理、健康向上、文明的生活气息，和谐的发展空间，宽松的人文环境。校园环境作为一种特有的社区环境，关系到每一位师生的成长。学校领导的务实、教师的敬业精神和优秀典范人物高尚的品行与人格魅力，无不渗透着一种美，体现着校园环境的精神内涵，对学生的成长成才能够起到熏陶和激励作用；对培养学生认真求实的学习态度、勤奋刻苦的学习毅力、虚心踏实的学习风格、科学严谨的学习方法有重要的影响作用。

(二) 凸显校园环境的学术氛围

校园环境要体现学术氛围，这是与其他环境的本质区别，是与学校本质、学校属性、学校功能相一致的。良好的学术氛围需要提倡学术自由，鼓励学术争鸣，体现兼容并包，使不同的学术观都能在追求真理的旗帜下进行科学研究和创造。良好和谐的学术环境来自自由的学术氛围、师生平等交流的氛围、宽容失败的氛围、敢于冒尖的氛围、个性得以充分发展的氛围等方面。学术需要长期沉淀、积累，而形成之后便是一种巨大的精神力量，是最优秀的潜课程，对人们的作用是无可估量的。

在师生中应大力提倡"崇尚科学精神，立足学业创新"为主题的学术科研活动，使全体师生成为探求真知、严谨自律的学者，成为包容执着、厚德载物的良好学术风气的维护者。在学生中倡导诚信、求实、创新、进取的精神，带有浓郁学术氛围的校园环境可以激励学生智力、能力、创新力与学业的发展，能让学生更深刻地体会到艰苦奋斗、团队精神和综合运用所学知识的乐趣，形成健康向上的文化意识。以学校为依托，以校园环境为基础，探究学术为人类服务、为学校服务，弘扬优良的学术传统，凝结稳定的学术方向，培养优秀的学术人才，创建广阔的学术平台，以营造宽阔的学术环境。

(三) 凸显校园环境的文化功能

文化功能表现在校园环境的多个方面，主要体现为文化氛围。文化功能能够使学生感悟、理解、思考，净化灵魂，升华人格，完善自己，接受先进文化的熏陶和感染。通过优化、美化校园的文化环境，开展健康自立的学校文化活动，形成浓厚的校园文化积淀和清新的校园文化风气；通过实践活动，促进学生内在因素的提升，尤其要注重学生个性的培养与发展，培养学生的自主性、能动性、创造性，促进学生全面发展和健康发展。

(四) 凸显校园环境的道德氛围

学校是产生新思想、新知识、新文化的殿堂，自古以来就是多元化并存的地方。一个良好的道德环境和道德氛围，体现师德为先、育人为本的理念。师德是先导，公德是基础，教师应该以德化人，为人师表。良好的校园环境应该处处讲文明、人人懂礼貌，使学生真正成为精神文明的一个源头，用文明行为和文明思想辐射社会。学校应该是继承和传承民族精神的基地，同时也是引进外来先进文明的窗口，既要高扬主旋律，又要倡导多样化、多元性。良好的校园道德环境是一种着力于以文化因素去挖掘师生的潜力，强调环境和情感的作用，以建立一种以人为中心，尊重人、关心人，使教师在以德感人方面作表率。有了这种环境和氛围才能自觉抵制社会上一些不利于学生成长的影响。

校园是学校精神、学术、文化的重要载体，是培养高素质创新人才的重要基地。校园环境绝不是单一的文化宣传阵地，它具有内容上的丰富性、范围上的广泛性、形式上的多样性、表现上的思想性等特征。营造良好的校园环境不仅对思想工作是一种促进，而且是学校健康发展的关键。健康的校园环境影响着思想教育的效果，直接关系到师生的利益，是教育需求的重要保证。当前，要加强和改进学生思想教育工作，应积极规划建设好校园环境，充分体现出学校的历史传统、精神风貌、校园特色以及宗旨追求、道德情感、价值观念、行为模式。只要学校领导重视，全体师生努力，不断创新，校园环境就一定能够发挥出其特有的重要作用。

三、思想教育校园环境的优化

优化校园环境，为思想教育教学提供良好的具体条件。校园环境是学生学习、生活最主要的场所，对思想教育教学和学生的思想、行为的影响最为直接也最深刻。校园微观环境的建设与优化，可分为教学内部环境和教学外部环境两方面。

改善和优化教学内部环境应从四方面入手：第一，优化教学师资队伍。要通过多渠道、多形式、多举措，努力建设一支政治坚定、业务精湛、师德高尚、结构合理的教师队伍。第二，优化教学方法、手段。运用多种教学方法，精心设计和组织教学活动，大力推进多媒体和网络技术的应用，提高思想教育教学的吸引力和参与度。第三，优化、融洽师生关系。平等、和谐、愉快的师生关系有助于构建思想教育教学良好的人际环境，进而达到"亲其师"而"信其道"的教育效果。第四，优化教学时空安排。不同的教学时间安排和空间组织形式将思想教育教学活动有序地组织起来，对师生的身心和教学效果产生不同的影响，因而需要在授课时间和班级规模方面进行合理分配。

教学外部环境是指影响思想教育教学活动的外围因素与支持系统，包括校园物质环境和校园精神环境两方面。前者以整体校园风貌构成某种暗喻的符号，无声地、长期地辐射出学校倡导的思想、风范和审美准则，是进行思想教育教学活动的物质载体和保障条件；后者以环境氛围的巨大环绕力，潜移默化之下，影响着学生的价值取向、思想品德和生活方式的选择，是思想教育教学活动的软环境，也是校园微观环境的核心内容。优化教学外部环境，就是以立德树人为根本目标，进一步完善和优化校园物质条件，注重提炼、概括学校精神文化的内涵与品质，如办学理念、校风校训、教风学风、学术氛围等，并广泛渗透到学校制度文化中，融入日常校园文化活动里，以此形成和确立师生共同的价值观和良好行为习惯。同时，要把优化、建设富有特色的校园物质文化、精神文化与激发学生的主体意识结合起来，提高学生的审美能力和辨别能力，自觉抵制不良环境因素的诱惑和消极影响。

第三节　思想教育工作的教学资源保障

一、思想教育教学资源开发利用的基本原则

(一) 现实性原则

思想教育教学资源的开发利用应遵循现实性的原则。开发利用教学资源需要把握社会实践的现实性、学生发展的现实性以及学生心理的现实性。

首先，教学资源的开发利用应立足于地方社会经济发展现实，呈现具有地方特点的内容，以便学生直观了解社会实际，为日后进入社会做准备。

其次，教学资源的应用须有助于提高学生解决现实问题的能力。时代的发展为学生提供了更丰富的环境，也对其发展提出了更高的要求，通过教学资源的应用，使学生能够以马克思主义的立场、观点、方法分析问题和解决问题。

最后，教学资源的组织呈现应从学生心理现实出发。充分挖掘引起学生兴趣的教学内容，创设直观的教学情境，使学生在参与和体验中提高思想教育素质，增强思想教育的有效性。

(二) 目的性原则

1. 坚持思想教育的根本目的

我国思想教育的根本目的是提高教育对象的思想道德素质，促进人的自由全面发展，激励教育对象为建设中国特色社会主义，最终实现共产主义而奋斗。随着改革开放进程的深入，我国在意识形态领域既受到西方的冲击，也面临着社会转型期多元价值观的挑战，现存的地方资源丰富多样，但并非所有的资源都适用于思想教育教学，体现思想教育的目的。因此，在开发利用教学资源时应把握思想教育的指导思想，选取能够对学生的思想教育素质产生积极引导作用的地方素材作为教学资源，以帮助学生树立马克思主义的世界观、人生观、价值观，坚定社会主义理想。

2. 围绕思想教育的教学目的

思想教育涉及一系列的教材，其中的各个章节反映了不同的思想教育

内容。在开发利用思想教育教学资源时，除了把握思想教育的根本目的，也要依据具体教材内容，以教材的逻辑结构为主线并围绕知识点展开，开发利用体现各个章节教学目的的地方资源。

（三）创新性原则

开发利用思想教育教学资源应坚持创新性。首先，从思想教育教学资源开发的角度来说，需要坚持开发思路的创新性和开发内容的创新性。突破常规思维，只要有益于思想教育教学活动开展的教学资源，都可作为开发的客体。同时，我们还需要坚持开发内容的创新性。随着时代的发展，社会进入转型期，社会思想日趋多元，思想教育环境日趋复杂。学生正处于思想教育素质形成的关键时期，易受到错误思想、腐朽思想的侵蚀。教学资源的开发应考虑不断变化的环境，与时俱进，根据学生目前的思想走向，开发满足当前思想教育要求的教学资源。

其次，从思想教育教学资源利用的角度来说，需要坚持教学资源利用方式以及教学资源呈现形式的创新性。一方面，科学技术的发展为教学活动的开展提供了便利。在开发利用教学资源的过程中，我们可以利用多媒体教学设备以及互联网等新技术提高教学资源的利用率。另一方面，创新教学资源的呈现形式。在利用教学资源时，需要采用多种手段，如编写案例，或组织实地参观等，开展丰富的教学活动，使教学资源在思想教育教学中发挥更大的作用。

（四）针对性原则

开发利用思想教育教学资源应把握针对性。

首先，根据学生的特点选取有针对性的教学资源。学生来自不同专业、地域和背景，顺应其特点开发利用教学资源能更有效地激发学生的兴趣，产生事半功倍的教学效果。例如文科专业背景的学生人文素养较高，可结合地方历史文化方面的资料讲解；理工科专业背景的学生逻辑思维能力强，可在授课中引用地方统计数据以及图表等展示知识点；艺术专业背景的学生通常较为感性，可适当增加校外实践活动，以体验教学增强理论课的教学效果。

其次，根据课程及其不同章节的内容有针对性地利用教学资源。如利用地方史料授课，涉及革命历史部分应偏重史实，涉及爱国主义教育则弘扬精神。

最后，根据不同的教学情境选取有针对性的教学资源。如讲授课可采用文字材料，深入剖析内容，讨论课可采用具体案例，设计开放式问题，实践课可依托地方资源进行参观考察。

二、思想教育教学资源开发利用的重要保障

(一)政府的积极引导

政府是思想教育教学资源开发利用的引导者。政府对思想教育教学资源开发利用的保障作用主要有以下三方面：

1. 政府的组织培训

长期以来，党和政府高度重视思想教育，并采取了一系列的措施举措加强思想教育的课程建设，为思想教育教学资源的开发利用提供了重要条件。这些举措，不仅开阔了教师的视野，为其提供了丰富的思想教育教学的素材，也为其在今后工作中开发利用教学资源带来了启示。

2. 政府的资金供给

随着社会经济的发展，开发利用教学资源的成本不断提高，国家及地方政府应根据当地经济发展情况有计划地增加思想教育的经费投入，并同比增加教学资源开发利用方面的研究经费。政府提供的资金能够在这些方面支持思想教育教学资源的开发利用：直接用于教学资源开发利用的过程中，如用于资源考察、资料购买、设备维护等；间接用于支持教学资源开发利用的活动中，如教师或教育研究人员的培训，当地场馆场所建设维护等。

3. 政府的政策制定

促进学校以外的机构部门共同参与到这一进程中，由于多数教学资源并不属于学校或教育部门，只有通过政府政策，对各部门加以领导、组织、管理，各类研究机构、企事业单位、社会团体等才能积极为学校开发利用教学资源提供协助；学校或研究机构才可能在不影响其他部门管理与使用地方资源的情况下，根据思想教育的教学目的、教学内容、教学形式，最大限度地开发利用教学资源，使其为思想教育服务。

（二）学校有效推进

学校是思想教育教学资源开发利用的促进者，其保障作用主要体现在以下三方面：

1. 学校能够为学生思想教育营造良好的校内环境

学校通过制定相关的规章制度，引导思想教育的课程开发、课程设置与课程评价等环节，促进并保障教学资源开发利用的顺利进行。除此之外，学校通过对校内各个部门的协调管理，集中更多人力、物力、财力，为教学资源的开发利用争取更多的便利，如提供场地，使用图书馆资料室的资料，调派相关人员提供技术支持等；学校也通过协调经费投入，为人员培训、教研活动提供资金保障。

2. 通过校外合作为思想教育资源开发提供保障

思想教育主管部门要加大统筹协调力度，有效整合校内外优质教育教学资源。能够与学校建立合作的机构和部门主要分为三类：研究机构，历史、文化、科技场馆等事业单位以及企业。研究机构不仅能为开发利用教学资源提供意见建议，还掌握着教研活动所需的重要文献资料。各类场馆是发掘教学资源的重要对象，同时也是建立校外教学基地的潜在合作对象。企业能够为开发利用地方教学资源提供资金援助与技术支持，也是学生参与校外实践，开阔视野，认识社会的重要场所。一般来说，学校可通过党政机构以及各个院系与校外的机构部门开展合作，充分利用合作关系，这将推进教学资源的开发利用。

3. 通过管理和培训教师，促进教学资源的开发利用

教师不仅承担着一定的教学任务，也承受着一定的科研压力，开发教学资源并以此设计教学活动需要一个较长的时间周期，其间，教师需要投入大量的时间和精力，部分教师因此缺乏主动性。同时，由于开发利用教学资源尚属探索阶段，教师缺乏相关经验，此类科研活动通常进展缓慢。为形成良好的科研条件和氛围，思想教育的主管部门和各级领导，必须重视思想教育的科研问题。

第四节　思想教育工作的教师队伍保障

一、思想教育教师队伍建设的目标

(一) 凸显思想教育教师队伍的选拔

选拔机制关系思想教育教师队伍的整体质量，科学的选拔竞争机制是确保思想教育教师队伍水平的必要条件。作为先进思想的主要传播者和积极践行者，思想教育教师不仅需要渊博的学识、高超的教学艺术，更需要特定的政治情怀与担当意识。通过制度设计与重构，确保思想教育教师队伍的纯洁性，对提升岗位适应性和责任担当性具有十分重要的意义。

在思想教育教师队伍建设过程中，制度设计需要考量的是"选拔什么样的人"的问题。思想教育教学不同于其他专业教学，承载着国家层面的意识形态教育使命。作为思想教育教师，以信仰忠诚为核心的政治素养是其首要素养。与一般专业素养不同，政治素养的显现有一个较长的过程，难以在短时期内以量化的指标体现出来，在考核上具有一定的隐蔽性。这就需要更加精细化和科学化的体制设计，通过制度安排和设计选好人、用好人。思想教育教师队伍的发展有着内在的更新需求，选拔人才、岗位竞争就必然存在一定的筛选，需要对应的淘汰机制。

为此，要精准设计个性化的思想教育教师队伍的准入与退出机制，合理研究岗位的流动与竞聘机制，引入市场化的考核评价机制，从而增强队伍的内在更新能力和发展动力，让"愿做事、能做事"的人做成事。

(二) 指导思想教育教师队伍的运行

通过体制性建构生成连续完整的组织管理机制，确保思想教育教师队伍建设的制度化，用制度管理人是制度建设的重要目标。在思想教育教师队伍的日常组织管理中，管理机制、管理原则、管理方法以及管理机构设置的规范相互交融、相互协调，通过规范化的运行实施指导思想教育教师的具体教学工作。

从思想教育教师队伍的制度管理运行过程来看，制度管理人应当是在一定管理理念和原则指导下，采取合适的管理方法，生成特定管理模式，通过管理组织的设置、管理职责的划分、管理细则的实施，形成系统化的运作模式，规范思想教育教师的言行，从而促进提高思想教育教学质量。通过制度管理人，凸显的是制度对人的规范性设置和边界限制，强调的是对行为规范的约束，要求思想教育教师讲政治、讲纪律、讲规矩。意识形态工作的特殊性决定了思想教育教学必然要求权威解读与严谨表述，注重思想上的价值引领和理性表达，注重规范内涵与政治标准。

对此，教师在课堂讲授上要严格纪律，在知识体系上要严谨规范，在价值导向上要把握主流，做到在守正中创新，在传承中发展，在多元中主导。

(三)聚焦思想教育教师队伍的培养

制度建设的出发点和归宿在于塑造人、完善人、发展人，让每一个思想教育教师通过制度的设计与实施实现自我提升和发展，是制度建设的"初心"所在。在思想教育教师队伍的建设过程中，制度发展人聚焦的是制度内容与实施的效能，通过教师队伍发展与培养机制的建构与完善，保障每一个教师学好"必修课"，不断增强育人的"看家本领"，促进自我发展，实现自我价值。

二、思想教育教师队伍建设的构建

思想教育教师队伍建设在制度构建过程中，普遍存在顶层设计泛化、内涵建设单一、精准实施偏位、待遇保障滞后、精细化运行不足等。通过制度的科学化设计与精准建构，切实保障思想教育教师队伍建设的有序、规范、科学发展，造就一支可信、可敬、可靠，乐为、敢为、有为的思想教育教师队伍，需要优化思想教育教师队伍建设的制度体系、借鉴制度建设的其他地域经验、创新用人管人的制度内涵，形成思想教育教师队伍发展的坚实保障。

(一)总结思想教育教师队伍建设的经验

新的改进离不开对旧的认识，越是要发挥新事物的作用，就越是要达到对旧事物的充分挖掘和研究。教学内容的更新、理论思想的创新、育人对象的更迭以及方法手段的演进等都是思想教育教学所面临的变数，而思想教育教学工作的宗旨、一般规律却是相对恒定的。思想教育建设总是因变革而获得前行的动力，也总是因变革而充满挑战。对于纷沓而至的新观念、新技术、新变化，思想教育教师队伍建设需要更加完善的制度保障，需要对既有智慧的充分借鉴和对已有经验的传承。

创新用人、管人、发展人的制度内涵必然要对传统思想教育教师队伍建设的制度经验进行总结提炼。近年来，很多学校相继加大对思想教育教师队伍建设的投入，在制度设计与安排上进行诸多卓有成效的改革探索，积累了大量有益经验，建构了一些比较成熟的制度模式，如专兼结合制度、传帮带制度、集体备课制度、社会实践研修制度以及三级教育培训机制。突出课堂教学质量和育人实效导向的评价制度等，有力推动了新时代思想教育建设的发展。我们在肯定制度发展成就的同时，亦要看到思想教育教师队伍建设在制度上还存在诸多不足。例如多元化的课堂教学质量评价制度、科学化的职称评审制度等相关热点难点问题亦需要更进一步突破。思想教育教师队伍建设机制仍需要我们在总结反思的过程中不断创新。

（二）明确思想教育教师队伍建设的方向

制度的价值导向体现在制度的本身架构之中，只有"良制"才能实现"善治"。从制度架构到制度范式的完善乃至形成制度体系，不断整合制度建设本身的价值体系是制度建设所展现的自身逻辑。在制度层面上推进思想教育教师的队伍建设，就是要形成体系化、规范化的运作机制，建设思想教育教师队伍建设的制度体系，打造制度实施的精准运作模式，形成思想教育教师队伍发展的坚实保障。

首先，在制度架构上，顶层设计需要凸显体系本身的科学内涵和实施限度。"良制"不仅体现在体系本身内容上，更要关注不同学校的具体情况，关注制度实施的落地难度和实际效度问题。从这个角度上来看，思想教育教师队伍建设的制度目标首要的是形成接地气、操作性强的个性化制度体系。

其次，在制度实施上，制度的组织运行需要有过程性的修正与对应的保障措施，需要有阶段层次性的运作方案，形成多样态、融合性的实施策略和方法。

最后，在制度的评价跟进上，需要针对制度内容本身和制度实践效能进行即时反馈，优化制度内容体系与实施路径，促进制度建设成果的巩固与提升。有条件的学校可以引进第三方评估主体，量化评价指标，不断提升教师课堂讲授能力，增强教学艺术，强化实践意识，让思想教育教师在传播主流意识形态工作中真正做到敢担当、能担当、善担当。

总之，完善与优化制度体系内容与实施的模式流程，融合与拓展制度发展的资源空间，提炼与内化制度建设的经验启示，为思想教育教师队伍的发展提供科学完善的制度支撑与体制保障是思想教育教师队伍建设的制度目标。

(三) 增强思想教育教师队伍建设的自觉

以制度建设提升思想教育教学实效、突破才重于人、道与术分割、育人价值碎片化的既有藩篱，让意识形态的传播真实便捷高效是加强思想教育教师队伍建设的重要任务。

在复杂多变的意识形态工作中，传播主流价值、引导思想意识、构建话语体系需要有更加"自觉"的师资队伍。打造能担当、勇担当的新时代思想教育教师队伍需要不断创新制度运行的实践模式，提升制度用人管人的实践效果，让"制度自觉"推动实现教师队伍的"发展自觉"。实现制度自觉，可以从以下角度进行：

首先，实现制度的自觉对标。新时代，我们需要明确思想教育教师的发展标准，抓住思想教育教师的核心素养要求。教师队伍的发展标准反过来也是我们量化制度建设的考核指标依据，反映出制度建设的实际效能。牢牢把握思想教育教师的特质化要求，让制度自觉对应标准，助力打造一支思想教育教师的"钢铁队伍"。

其次，实现制度的自觉对接。制度建设要与思想教育改革创新的时代发展要求相吻合，与意识形态传播工作的时代内容相结合，与学生发展的自我诉求相符合，与学校自身发展的个性化需求相契合。

最后，实现制度的自觉对位。亮点源于痛点，变革重在突破窠臼。思想教育教师队伍建设存在的问题、思想教育教学的不足与缺陷等既是阻碍因素，也是催生动力。制度建设需要自觉对位，既不能错位，也不能越位，突出问题的针对性解决，着力促进思想教育教师队伍建设在突破困境的变革中实现发展。

第五章　德育工作实践的要求与挑战

随着社会的发展与时代的进步，经济全球化、科技国际化、文化多样化、信息多元化，都对德育工作提出了更新、更高、更全面的要求，赋予德育工作新的内涵。全面了解，充分认识德育工作的要求，转变德育观念，增强德育工作的针对性和有效性，全面实现德育工作的新挑战。本章重点论述德育工作的要求与途径、德育工作面临的挑战与创新机会。

第一节　德育工作的要求与途径

一、德育工作及其要求

(一) 德育工作的内容

1. 理想信念教育

中国特色社会主义和中国梦教育；倡导富强、民主、文明、和谐，自由、平等、公正、法治，爱国、敬业、诚信、友善的社会主义核心价值观教育；立足岗位、奉献社会的职业理想教育。

2. 中国精神教育

以爱国主义为核心的民族精神教育；以改革创新为核心的时代精神教育；中华优秀传统文化教育；中共党史与国情教育。

3. 道德品行教育

社会公德、职业道德、家庭美德、个人品德教育；学生日常行为规范、文明礼仪教育与训练；生命安全、艾滋病预防、毒品预防、环境保护等专题教育。

4. 法治知识教育

宪法法律基础知识教育；职业纪律和岗位规范教育；校纪校规教育。

5. 职业生涯教育

职业精神教育；就业创业准备教育；终身学习和职业生涯可持续发展教育。

6. 心理健康教育

心理健康基本知识和方法教育；青春期心理健康教育；职业心理素质教育；心理咨询、辅导和援助。

除以上各系列教育内容外，学校还要根据国家形势发展需要进行时事政策教育。

(二) 德育工作的原则

1. 方向性和时代性相结合原则

坚持正确的政治方向和育人导向，紧密结合社会需要和时代发展的要求，增强针对性和实效性。

2. 贴近实际、贴近生活、贴近学生原则

遵循思想道德教育的普遍规律，尊重学生自我教育的主体性，适应学生身心成长的特点，开展富有成效的教育和引导活动，提高吸引力和感染力。

3. 知行统一原则

重视知识传授、观念树立，重视情感体验和行为养成，引导学生形成知行统一、言行一致的优良品质。

4. 教育与管理相结合原则

进行深入细致的思想教育，同时要加强科学严格的管理，增强学生接受教育的主动性，实现教育与自我教育、自律与他律、激励与约束的有机结合。

5. 解决思想问题与解决实际问题相结合原则

既要做到以理服人、以情感人，又要切实帮助学生解决学习、生活中遇到的实际困难和问题，增强教育的实际效果。

(三) 德育的要求

1. 课程育人要求

充分发挥课堂教学的主渠道作用，将学校德育内容细化落实到各学科课程的教学目标之中，融入渗透到教育教学全过程。严格落实德育课程。按照义务教育、普通高中课程方案和标准，上好道德与法治、思想政治课，落实课时，不得减少课时或挪作他用。要围绕课程目标联系学生生活实际，挖掘课程思想内涵，充分利用时政媒体资源，精心设计教学内容，优化教学方法，发展学生道德认知，注重学生的情感体验和道德实践。

发挥其他课程德育功能。要根据不同年级和不同课程特点，充分挖掘各门课程蕴含的德育资源，将德育内容有机融入各门课程教学中。

2. 文化育人要求

文化育人要依据学校办学理念，结合文明校园创建活动，因地制宜开展校园文化建设，使校园秩序良好、环境优美，校园文化积极向上、格调高雅，提高校园文明水平，让校园处处成为育人场所。

（1）优化校园环境。校园建筑、设施、布置、景色要安全健康、温馨舒适，使校园内一草一木、一砖一石都体现教育的引导和熏陶。学校要有升国旗的旗台和旗杆。建好共青团、少先队活动室。积极建设校史陈列室、图书馆（室）、广播室、学校标志性景观。学校、教室要在明显位置张贴社会主义核心价值观，教室正前上方有国旗标志，要充分利用板报、橱窗、走廊、墙壁、地面等进行文化建设，可悬挂革命领袖、科学家、英雄模范等杰出人物的画像和格言，展示学生自己创作的作品或进行主题创作。

（2）营造文化氛围。凝练学校办学理念，加强校风教风学风建设，形成引导全校师生共同进步的精神力量。鼓励设计符合教育规律、体现学校特点和办学理念的校徽、校训、校规、校歌、校旗等并进行教育展示。创建校报、校刊进行宣传教育。可设计体现学校文化特色的校服。建设班级文化，鼓励学生自主设计班名、班训、班歌、班徽、班级口号等，增强班级凝聚力。推进书香班级、书香校园建设，向学生推荐阅读书目，调动学生阅读积极性。

（3）建设网络文化。积极建设校园绿色网络，开发网络德育资源，搭建校园网站、论坛、邮箱、博客、微信群、QQ 群等网上宣传交流平台，通过网络开展主题班(队)会、冬(夏)令营、家校互动等活动，引导学生合理使用网络，避免沉溺网络游戏，远离有害信息，防止网络沉迷和伤害，提升网络素养，打造清朗的校园网络文化。

3. 活动育人要求

活动育人要精心设计、组织开展主题明确、内容丰富、形式多样、吸引力强的教育活动，以鲜明正确的价值导向引导学生，以积极向上的力量激励学生，促进学生形成良好的思想品德和行为习惯。

(1) 开展节日纪念日活动。利用春节、元宵、清明、端午、中秋、重阳等中华传统节日以及二十四节气，开展介绍节日历史渊源、精神内涵、文化风俗等校园文化活动，增强传统节日的体验感和文化感。利用植树节、劳动节、青年节、儿童节、教师节、国庆节等重大节庆日集中开展爱党爱国、民族团结、热爱劳动、尊师重教、爱护环境等主题活动。开展仪式教育活动。仪式教育活动要体现庄严神圣，发挥思想政治引领和道德价值引领作用，创新方式方法，与学校特色和学生个性展示相结合。

(2) 入团、入队要举行仪式活动。举办入学仪式、毕业仪式、成人仪式等有特殊意义的仪式活动。

(3) 开展校园节(会)活动。举办丰富多彩、寓教于乐的校园节(会)活动，培养学生兴趣爱好，充实学生校园生活，磨炼学生意志品质，促进学生身心健康发展。学校每学年至少举办一次科技节、艺术节、运动会、读书会。可结合学校办学特色和学生实际，自主开展校园节(会)活动，做好活动方案和应急预案。

(4) 开展团、队活动。加强学校团委对学生会组织、学生社团的指导管理。发挥学生会作用，完善学生社团工作管理制度，建立体育、艺术、科普、环保、志愿服务等各类学生社团。学校要创造条件为学生社团提供经费、场地、活动时间等方面保障。要结合各学科课程教学内容及办学特色，充分利用课后时间组织学生开展丰富多彩的科技、文娱、体育等社团活动，创新学生课后服务途径。

4. 实践育人要求

实践育人要与综合实践活动课紧密结合，广泛开展社会实践，每学年至少安排一周时间，开展有益于学生身心发展的实践活动，不断增强学生的社会责任感、创新精神和实践能力。

（1）开展各类主题实践。利用爱国主义教育基地、公益性文化设施、公共机构、企事业单位、各类校外活动场所、专题教育社会实践基地等资源，开展不同主题的实践活动。

利用历史博物馆、文物展览馆、物质和非物质文化遗产地等开展中华优秀传统文化教育；利用法院、检察院、公安机关等开展法治教育；利用展览馆、美术馆、音乐厅等开展文化艺术教育；利用科技类馆室、科研机构、高新技术企业设施等开展科普教育；利用军事博物馆、国防设施等开展国防教育；利用环境保护和节约能源展览馆、污水处理企业等开展环境保护教育；利用交通队、消防队、地震台等开展安全教育；利用养老院、儿童福利机构、残疾人康复机构社区机构等开展关爱老人、孤儿、残疾人教育；利用体育科研院所、心理服务机构、儿童保健机构等开展健康教育。

（2）加强劳动实践。在学校日常运行中渗透劳动教育，积极组织学生参与校园卫生保洁、绿化美化，普及校园种植。将校外劳动纳入学校的教育教学计划，小学、初中、高中每个学段都要安排一定时间的农业生产、工业体验、商业和服务业实习等劳动实践。教育引导学生参与洗衣服、倒垃圾、做饭、洗碗、拖地、整理房间等力所能及的家务劳动。

（3）组织研学旅行。把研学旅行纳入学校教育教学计划，促进研学旅行与学校课程、德育体验、实践锻炼有机融合，利用好研学实践基地，有针对性地开展自然类、历史类、地理类、科技类、人文类、体验类等多种类型的研学旅行活动。考虑小学、初中、高中不同学段学生的身心发展特点和能力，安排适合学生年龄特征的研学旅行。规范研学旅行组织管理，制定研学旅行工作规程，做到"活动有方案，行前有备案，应急有预案"，明确学校、家长、学生的责任和权利。

（4）开展学雷锋志愿服务。要广泛开展与学生年龄、智力相适应的志愿服务活动。发挥本校团组织、少先队组织的作用，抓好学生志愿服务的具体组织、实施、考核评估等工作。做好学生志愿服务认定记录，建立学生志愿服务记录档案，加强学生志愿服务先进典型宣传。

5.管理育人要求

积极推进学校治理现代化，提高学校管理水平，将德育工作的要求贯穿于学校管理制度的每一处细节之中。

(1) 完善管理制度。制定校规校纪，健全学校管理制度，规范学校治理行为，形成全体师生广泛认同和自觉遵守的制度规范。制定班级民主管理制度，形成学生自我教育、民主管理的班级管理模式。制定防治学生欺凌和暴力工作制度，健全应急处置预案，建立早期预警、事中处理及事后干预等机制。会同相关部门建立学校周边综合治理机制，对社会上损害学生身心健康的不法行为依法严肃惩处。

(2) 明确岗位责任。建立实现全员育人的具体制度，明确学校各个岗位教职员工的育人责任，规范教职工言行，提高全员育人的自觉性。班主任要全面了解学生，加强班集体管理，强化集体教育，建设良好班风，通过多种形式加强与学生家长的沟通联系。各学科教师要主动配合班主任，共同做好班级德育工作。

(3) 加强师德师风建设。培育、宣传师德标兵、教学骨干和优秀班主任、德育工作者等先进典型，引导教师争做"四有"好教师。实行师德"一票否决制"，把师德表现作为教师资格注册、年度考核、职务（职称）评审、岗位聘用、评优奖励的首要标准。

(4) 关爱特殊群体。加强对经济困难家庭子女、单亲家庭子女、学习困难学生、进城务工人员随迁子女、农村留守儿童等群体的教育关爱，完善学校联系关爱机制，及时关注其心理健康状况，积极开展心理辅导，提供情感关怀，引导学生心理、人格积极健康发展。

6. 协同育人要求

积极争取家庭、社会共同参与和支持学校德育工作，引导家长注重家庭、注重家教、注重家风，营造积极向上的良好社会氛围。

(1) 加强家庭教育指导。建立健全家庭教育工作机制，统筹家长委员会、家长学校、家长会、家访、家长开放日、家长接待日等各种家校沟通渠道，丰富学校指导服务内容，及时了解、沟通和反馈学生思想状况和行为表现，认真听取家长对学校的意见和建议，促进家长了解学校办学理念、教育教学改进措施，帮助家长提高家教水平。

(2) 构建社会共育机制。主动联系本地宣传、综治、公安、司法、民政、文化、共青团、妇联、关工委等部门、组织，注重发挥党政机关和企事业单位领导干部、专家学者以及老干部、老战士、老专家、老教师、老模范的作用，建立多方联动机制，搭建社会育人平台，实现社会资源共享共建，净化学生成长环境，助力广大学生健康成长。

二、德育工作的途径

《关于深化教育改革全面推进素质教育的决定》中提出了"进一步改进德育工作的方式方法，寓德育于各学科教育中，讲究实效，克服形式主义倾向"思想，各级德育管理者必须重视对德育途径的研究，充分发挥各种途径的作用。

（一）学校的德育途径

1. 课堂教学，这是学校向学生进行德育最经常、最基本的途径，特别是小学思想品德课和中学道德与法治课居于特殊的重要地位。

2. 班主任工作、年级活动、班级活动是进行日常思想品德教育和指导学生成长的重要途径。

3. 共青团、学生会活动是德育工作最有生气，最能发挥学生主动性、积极性的途径。

4. 课外活动是促进学生全面发展和身心健康的重要途径。

5. 生活劳动和其他社会实践是提高学生素质不可缺少的途径。

6. 学校管理和校园文化环境是德育工作一条不可忽视的途径。

各德育途径有各自的功能，缺一不可，也不能互相代替，它们之间互相联系、相互促进，从而形成学校德育工作的整体。

当然，社会教育和家庭教育也是向学生进行思想教育的重要途径，是学校教育的延伸和补充，与学校教育形成"三位一体"的思想道德教育网络，增强德育的实效。

（二）课堂的德育途径

1. 学校以教学为主

教学是学校的中心工作和主要任务，它是学校教育工作中一项最经常、最基本的工作。学校工作以教学为主，其根本目的是教书育人，由此可以得出这样一个结论，教学，特别是课堂教学是育人的主要渠道，是德育的主要途径。

2. 教学所用时间最多

德育目标的实施受时间、空间的限制，我们的学生，每周30多节课时，占学生在校时间的80%以上，其中思想品德课、校会、班会、团会活动共只有4~5节，德育课与文化课的时间比例是1∶7。同时从教师人数上分析，班主任、政治教师、德育干部与其他任课教师的比例是1∶4左右。我们必须清醒地认识到，课堂教学是实施德育工作最经常、最基本的途径。德育工作如果脱离了占学校工作中绝大部分时间、空间和任教人数最多的课堂教学，单靠少数班主任、政治教师、团队干部是完不成全面教育学生的任务的。

3. 学科教材中蕴含着丰富的德育因素

现行的教材是根据各学科特点和不同年龄段学生心理特征编写的，其中蕴含着相当多的直接或间接的德育因素。我国古代许多教育家早已认识到智与德是统一的，指出教育的最重要的任务是教人做人，"传道"与"授业"相结合，即传授知识与思想品德教育是结合在一起的。另外，各学科如何实现智育与德育的辩证统一，重要的就是挖掘教材中的德育因素。归纳起来，各学科教材中的德育因素有以下方面：

（1）讲学科的发展史，讲学科与爱国主义和国际主义教育的密切关系，这样可以培养学生科学的求学精神，引导学生向在科学发展中做出杰出贡献的人物学习。

（2）讲应用，讲科学技术在国家建设中的巨大作用，以此激发学生为建设祖国而发奋学习的积极性。

（3）讲理论基础，可依据教材内容恰当地讲解其理论基础，从而进行辩证唯物主义和历史唯物主义教育。

（4）在教学中，要培养学生崇高的理想、高尚的情操、良好的习惯和顽强的意志。

4. 课堂教学渗透德育

通过课堂教学渗透德育，可以避免简单的说教，在为学生奠定基础知识的同时，用知识本身的魅力去影响学生的意志、情感，在潜移默化中培养学生正确的学习动机、学习态度和良好的学习习惯，结合学科知识体系使学生逐步形成正确的人生观、世界观。也可以结合社会现状进行思想品德教育，这样有利于学生领会党的路线、方针、政策。同时，教师在教学中表现出的科学的、严谨的治学作风，优秀的品质也会直接影响学生，这样就可提高德育的质量，增强德育的实效。

第二节 德育工作面临的挑战与创新机会

一、德育工作面临的挑战

（一）德育偏离实际生活

结合当前德育课堂教学的实际情况来看，课程教学的具体开展并没有密切联系实际生活，而是简单地依照教材讲解理论知识。当前的新课程标准要求在课堂教学过程中对学生实施生活化的教学，从生活中寻找教学的素材，真正提高学生的思想素质，帮助学生在现实的生活中发展个性，正确地认识自我。

（二）德育的内容还有待丰富

当今社会是一个多元化的社会，结合这一特征来看，要保证学校培养出来的学生能够紧跟潮流，符合社会发展所需，就应当对学生开展多元化的教学。因此，当前的德育应当采取多种教学方法，应用丰富的教学资源来开展课堂教学。但是，在实际教学中，很多教师还是一味地按照传统的"教师讲课，学生听讲"的教学方式对学生灌输知识，且具体的教学内容较为单一。如果不能够及时改变教学方式，采取适当的措施来丰富拓展教学内容，就会导致学生的眼界仅限于书本之上，会阻碍学生的学习能力，同时也会对发展学生的品德造成不利的影响。

（三）德育环境的变化

21世纪，世界进入知识经济时代，社会的生产方式、生活方式、管理方式、思维方式等都已发生巨大的变化。改革开放以来，我们风雨兼程，高举实践的旗帜。人类历史的经验证明，人性的基本面是不可改造的，尽管人的道德水准和文明程度可以获得提升。伴随由计划经济向社会主义市场经济体制的转型带来的经济的持续高速发展，以及由社会全面改革开放带来的西方的科学技术、价值观念的源源不断地输入，人们的思想发生了深刻的变化。一方面，人们体验到了这场伟大变革所带来的社会生产力的彻底解放和物质财富的迅速增长；另一方面，人们也为社会生活尤其是道德生活出现的一些现象所困惑。

就学校德育而言，这些都意味着德育环境的变迁。而作为社会的一个子系统，一方面，学校德育必须完成社会所交付的道德教化的任务，并在此过程中获得自身发展的基础和条件；另一方面，学校德育也不可能摆脱社会对其自身的制约。

1. 社会形势的转型

第一，世纪转换。人类跨入21世纪以来，我国致力于实现中华民族的伟大复兴，全面建成小康社会，加快推进现代化，建设富强、民主、文明、和谐美丽的社会主义现代化强国。当代学生是完成这一历史任务的主力军，学校的德育工作就是培养德、智、体、美、劳等全面发展的社会主义建设者和接班人，为经济发展和社会进步提供精神动力和智力支持。

第二，社会转型。我国处在从发展中国家向现代化国家转型、从农业国向工业国转型、从粗放型经济向集约型经济转型的转折期。要实现社会转型和经济发展的宏伟目标，最重要的是培养人才，培养掌握现代高技术的人才。学校德育工作的任务之一就是让学生了解和认识我国21世纪发展的宏伟蓝图，鼓励他们奋发向上、努力成才。

第三，体制转型。我国处在从计划经济向市场经济转轨的后期，这对社会的经济结构、文化结构、教育结构以及人们的思维方式、生活方式等都产生了巨大的影响。德育工作要帮助学生树立与市场经济相适应的现代观念和意识，改变学生中存在的各种非理性观念，使学生正确认识市场经济带来的消极因素和负面影响，使学生成为改造社会、促进社会发展的主人和动力。

2. 德育环境的变化

第一，社会环境发生变化。世界多极化和经济全球化的趋势继续在曲折中发展,科技进步日新月异,综合国力竞争日趋激烈。我国处在一个大改革、大调整、大发展、大变化的重要历史时期,思想文化领域面临着种种复杂情况。随着社会经济成分、组织形式、就业方式、利益关系和分配方式的日益多样化,人们思想活动的独立性、选择性、多变性和差异性也日益增强,社会思想空前活跃,各种思想观念相互交织,各种文化相互激荡,各种思潮不断涌现,各种矛盾错综复杂,社会意识出现多样化的趋势。这种变化趋势从总体上来讲是积极的,为青年学生的全面发展创造了更加广阔的空间,与社会进步相适应的新思想、新观念正在丰富着青年学生的精神世界。但在这个过程中,面对国际背景、经济基础、体制环境、社会条件、传播手段的深刻变化,面对青年学生求新、求乐、求知、求助的各种需要,学校德育要直接面对社会开放和价值多元的现实,认真研究新情况、新问题,正视道德冲突,解决道德困惑,帮助学生学会判断和选择。

第二,德育对象发生变化。当代青年学生出生在改革开放年代,成长于社会转型时期,他们的心理状况、接受能力、欣赏水平发生了很大变化,接收信息、学习知识、休闲娱乐的方式、方法、手段发生了很大变化,独立性、选择性、多变性和差异性明显增强。学生思想、价值、观念、行为呈现许多新特点。

在思想现实上,学生关心的热点在减少,没有集中热点;政治意识、理想激情逐渐被理智、客观、冷静、现实的思考所取代。观察问题、处理问题时往往表现出五个"更多",即更多地采用生产力的标准,而不是意识形态的标准;更多地采用具体利益的标准,而不是抽象的政治标准;更多地采用市场经济的标准,而不是传统的道德标准;更多地采用批判的标准,而不是建设的标准;更多地采用"与国际接轨"的标准,而不是"中国特色"的标准。

在思想价值上,由于生活经历的单纯和价值环境的复杂,他们中不少人存在认知与行为的背离。他们主流积极,亮点突出,但缺乏艰苦生活的磨炼,心理承受能力较差。他们初步具备了一些现代性的思想品质,但科学精神、人文素养、公德意识、心理素质还有所欠缺。有些学生自我意识强烈,集体观念、团队精神、大局意识、社会整体意识缺乏,价值主体自我化、价值目标短期化的趋势日益突出。

在思想行为上,青年学生主体性、选择性、观点多样性的特点突出。他们更加关注社会生活，更加讲求实效，更加注重主体的自我感受，更善于独立思考，更希望在平等的交流中追求真理，更愿意在对社会现实的思考中选择真知。

在政治观念上，他们积极、健康、向上、认同感强；在社会热点上，思考多、关注多、忧患多；在成才意识上，求新、求知、求整体素质提高；在价值取向上，注重自我，价值取向多元。把握青年学生思想变化的特点，关键在于全面、正确评价当代学生，我们要坚持辩证思维，深入分析特点，研究正确对策。

(四)德育内容面临的挑战

1.德育工作面临经济全球化

经济全球化是指跨国商品与服务贸易及国际资本流动规模和形式的增加，以及技术的广泛使用，使世界各国经济的相互依赖性增强。我国社会转型不断加快，改革不断推进，经济成分和经济利益、社会生活方式、社会组织形式、就业岗位和就业形式多样化的趋势日益明显。全球化是一把"双刃剑"，当代学生往往只看到世界经济繁荣和发展的一面，而没有看到其中蕴含的深层次的问题和潜伏的危机，只看到经济全球化给世界经济带来的积极作用，而忽视了它的负面影响。因此，高等学校要加强对学生全面素质的培养，培养学生树立国际化、全球化的观念，克服狭隘的民族主义和本土观念，提高他们认识和分析问题的能力，帮助他们掌握一定的国际政治、经济、文化等方面的知识，培养他们国际交往的能力。我们的任务是使学生既有强烈的自尊心、自信心，又有世界眼光、国际意识；既能使他们懂得保持本民族的价值规范体系，又能融入世界优秀文化；在全球化的背景下，能够使他们在竞争中合作，在合作中竞争与发展。

2.德育工作面临着社会多元化

随着经济体制和政治体制改革的不断深入和发展，我国社会正面临着重大变革，社会呈现多样化的趋势，社会环境的复杂性和多样性逐渐增强，经济体制和社会结构的变革、多元化利益格局的产生和变化，导致了学生道德观和价值取向的多元化。德育的对象呈现出新的特点：独立意识、自我意识增强，思想行为趋于个性化，学习动机多样化，价值取向务实化等。学生的活动、行为习惯具有明显的个性特征和复杂的层次性。

当代学生思想发展的特点和阶段性,决定了学校德育必须具有时代性和针对性,要根据时代发展需要和学生的思想实际精心设置德育的内容体系,人道主义、科学精神、环境意识、全球意识、和平与发展意识、合作意识等全社会、全人类共同的一般行为规范教育,应成为德育的重要内容;要用市场经济强化现代观念,培养学生开拓进取、独立自主、爱岗敬业的理性精神,培养学生关心、同情、友善、宽容等美德;要结合当代学生多层次、多样性的特征,加强学生的心理咨询和心理承受能力的培养;要坚持中华民族优秀文化和优秀传统教育,注意道德教育与人文精神的交融。

3. 德育工作面临国民经济快速发展

国民经济的快速发展加大了学生生活方式的复杂程度,对学生思想教育工作提出了严峻的挑战。学生的生活方式与其他职业群体以及同龄青年的生活方式最明显的差异,就在于具有独特的"校园"特征。

(1) 学生是个相对独立的群体。他们长期学习、生活在校园,接触的多是同龄人。无论是外地学生还是本地学生,家庭观念普遍淡化,在观念和习惯上都保持着一定的独立性,并形成了带有校园特色的群体生活方式。

(2) 学生是社会中文化层次较高的群体。一是他们每天接触中外书籍,生活在各种文化信息丰富的环境,因此他们更易受到各种文化思潮的冲击。二是学生极其重视精神生活,喜欢探索社会、思索人生,喜欢对各种事件评头论足,做出新的价值判断。在市场经济发展的过程中,求美、求乐成为年轻人的追求,一些人不仅注重物质享受,而且非常讲究精神生活,文化消费于是产生。

4. 德育工作中高科技的迅猛发展

当前,科学技术的进步日新月异。科技知识空前快速地生产、传播和转化,极大地改变了人们的物质生产、精神生产和日常生活,推动经济、政治、文化发生越来越深刻的变化。特别是20世纪90年代后期以来,计算机、互联网在中国开始以极快的速度普及,互联网信息传播成为经济全球化最形象的代表。计算机互联网信息传播在信息传播史上引起了一次革命,它把人类社会带入了数字化时代,为人类提供了一个冲破传统地域的新的活动空间,人们在网络空间里逐渐形成新的社会方式、社会规范和思想意识,学生的信息渠道从单一型走向立体型,从线性刺激拓展到全方位刺激。它改变了以往报刊、广播、电视信息单向传播的局限,第一次把信息传播变成即时互动的交流,为人们的交流开辟了更广阔的空间,同时也更新着人们的观念。在汹涌而来的互联网信息面前,德育面临着新的机遇和挑战。如何使学生有效抵制不健康信息的诱惑,怎样帮助他们控制自己的道德行为,理性地选择自己的道德模式,成为德育工作亟须解决的问题。

二、德育过程中的教学创新机会

第一,在我国优良的传统基础上创新德育。要想解决当前德育所面临的挑战,提高政治教学质量,就要在我国优良的传统基础之上创新德育。同时,也要学习其他国家的文化,在具体的教学过程中,教师在介绍多元的文化时,要宣传本国文化,提升学生的民族信仰。教师可以结合各国之间的文化差异对比不同民族的文化。这样不仅能够增强学生对于课堂知识的理解记忆,还能提高学生对本国文化的了解,从而达到更好的教学效果。

第二,在德育课堂教学中采取创新的教学方式。单一的教学模式以及贫乏的教学资源是当前德育面临的另一重大挑战,要想解决这一问题,教师应当采取多种教学方式,在实际的教学过程中,创新教学方式。例如当教师在讲解"竞争合作求双赢"的内容时,教师除了依照教材讲解知识,还要划分小组,让学生小组内部相互合作,小组之间相互竞争,让学生真正理解合作与竞争的含义。教师还可以组织学生开展教学活动,在活动的过程中让学生学习知识,从而提高教学质量,保证学生思想品德得到健康地发展。

第六章　思想教育中道德与法治课程理论探索

在道德与法治课程中，设置思想教育是为了优化学生的思想品德，促进学生健康成长，使其明确自己的人生价值与奋斗方向。本章对道德与法治课程中的爱国主义教育、社会责任意识教育、法治意识培育进行论述。

第一节　道德与法治课程中的爱国主义教育

一、爱国主义教育

(一) 爱国主义的产生

一个人的爱国情感是后期慢慢培养出来的。因此，爱国主义是从认知开始，再到情感，最终转变为意志的。

1. 认知

认知是个体认识事物或者事件的一个过程，其结合感性思维和理性思维对事物进行信息加工，从而获得知识。随着人们年龄的增长、所处环境的变化，科学技术越来越发达，人的知识越来越丰富。在实践中获得认知，再经过信息加工得出理论，人们在实践中检验理论。

认识反作用于实践，认识和实践相互促进。在实践中，人们逐渐形成了爱国认知，这是一种对祖国、对民族的理解和认可，这种认知既是感性的，也是理性的。人们产生了爱国认知，再转变为爱国主义情感，在实践中逐渐将这种情感转变为爱国意志。

在实践中，人们丰富自己的认知，对祖国的情感也逐渐加深。这种情感变成了一种信仰，促使人们做出相应的行为实践。准确的爱国认知是第一步，要牢牢地记住历史，以史为鉴，树立正确的国家观和民族观，弘扬正确的爱国思想和价值观，增强各个民族的国家认同感，不仅是对祖国认同，还要认同祖国的传统文化和价值观，相信党选择的道路。

2. 情感

情感是人类的一种心理活动，是人们对于客观现象的主观反映，反映了人对于客观事物的态度或者看法。情感分为五种形式：道德情感、理智情感、审美情感、生活情感和人际情感。人们先是产生了爱国认知，才有爱国情感，爱国情感把个人利益和国家利益相融合。

在道德层面上看，爱国情感与道德情感相似，是人们对祖国的情感；爱国也是一种情怀；爱国情感表达了人们对国家的依恋，对民族同胞的喜爱，对历史文化的认可。爱国情感越强烈，人们就越认可祖国的做法和文化，信任祖国能够带领人们走向繁荣富贵。爱国情感也表达了人们对家园的热爱，国家荣誉即个人荣誉，国家利益即个人利益。

3. 意志

意志是指一个人基于某种目的，主动地进行实践活动，实现自己目的的心理过程。爱国主义意志是指人们克服一切困难，不断进取，为维护国家利益做出的一系列事件行为，主要表现为：积极参与祖国建设活动，不惜一切代价也要为祖国建设做贡献的责任感。

4. 行为

行为是指人们受客观现象和主观思想的影响，从而产生的实践活动。在外界刺激下，人主动地做出某些行为。正是由于人们不断实践，才有了认识。人们对祖国的认知，包括爱国主义认知，都离不开实践，认知的最终目的就是指导人们的实践，爱国主义最终会体现在实际行为上。因此，人们从爱国认识开始，逐渐升华为爱国情感，最终这种情感升级为爱国意志，从而促使人们做出一系列的爱国行为。

爱国行为不仅可以表现为一个人的实践活动，也可以表现为一个群体或者组织的行为，其涉及的范围比较广，比如政治、经济、文化、教育、思想、体育等领域。理性爱国是要求我们从理性思维出发，从正确的理论出发，做出符合个人和国家利益的实践活动。爱国行为需要激励，但是最重要的是要理性，两者缺一不可。

(二)爱国主义的时代特点

爱国主义在不同的时期有不同的特征,但是爱国主义最根本的特征没有改变。在新时代背景下,爱国主义增加了新的特点。

(1)更有担当的爱国主义意识。我国社会主义道路的实践为世界其他国家提供了选择的方向。中国始终坚持多边主义,认为国家只有在世界和平的状态下才能快速发展。

(2)更加开放的爱国主义胸怀。爱国精神不仅是从民族出发,还要面向世界。中国的发展离不开国际大环境。国际环境稳定,中国发展得更快。因此,我国要扩大对外开放,坚持独立自主。即使与其他国家走的道路不一致,也要学习其他国家先进的经验,始终保持一颗学习的心,与其他国家交流;对于外国文化,取其精华,为我所用,这样才能确保中国文化与时俱进。

在新时代,爱国主义具有包容性,让中国的发展带动其他国家的发展。不仅是经济发展,还有文化、教育等发展,促进国与国之间的友好往来,实现各个国家友好、平等相处,从而实现中国梦,全球共同发展,人类一起进步。

(3)更加理性的爱国主义心态。中华人民共和国成立后,中国的国际地位提升,党带领着人名奋斗、拼搏,从站起来逐渐到富起来。当今世界全球化进程加速,中国一直秉持开放、包容的态度对待其他国家。在发展的历程中,党和国家时刻反省自身,及时纠正缺点,边实践边学习,学习技术和经验,不断完善自我。

(4)更加自觉的爱国主义行为。爱国主义必须付诸实践行动,这样才能有意义。在新时代,每个国人都要有爱国主义情感,并自觉地把这种情感付诸实践,这是一种由内而外的情感表露。同时,爱国主义行为要遵循国家法律和道德底线,不能违背政治原则。爱国主义行为是积极、主动的。爱国主义的主要目的是维护祖国和人民的利益。在做某件事情时,要权衡利弊,坚决不做有损国家利益和人民利益的事情。任何时候,国家利益至上,坚决与破坏国家和谐的不法分子作斗争。爱国主义行为是理性的,不能盲目地爱国。

爱国主义和教育共同构成"爱国主义教育",教育作为爱国主义传播的主要途径越来越受到人们的关注。"爱国主义教育能够培养人们对祖国深厚的道德情感,培养坚定的爱国信念和高尚的爱国行为,其本质是一种培养爱国者的教育实践活动。"①

二、道德与法治课程中的爱国主义教育重要意义

爱国主义精神总能在中华民族危难的时刻释放出强大的凝聚力,激发人们的高昂士气,增强克服困难的信心。

(一)道德与法治课程加强爱国主义教育的时代意义

1.有利于维护团结,弘扬中华民族精神

维护国家主权和领土完整、实现祖国完全统一是全体中华儿女的共同心愿,必须把维护祖国统一和民族团结作为弘扬爱国主义精神的重要内容。

我们要保卫国家的独立和尊严,弘扬爱国主义精神,加强爱国主义教育。道德与法治课程是教师开展爱国主义教育的主渠道,有利于培养学生的爱国情感。教师要根据教学目标开展爱国主义教育,挖掘和丰富教材中的教学内容,有利于学生了解我国民族区域自治制度的优点,深刻体会国家统一、领土完整、国家安全的重要性,增强学生热爱各民族人民、维护祖国统一的情感。

2.有利于培育社会主义核心价值观

在道德与法治课程中加强爱国主义教育有利于弘扬爱国主义精神、实践公民道德规范,有利于培育社会主义核心价值观。

第一,爱国主义教育能与革命历史相结合,培养学生的革命精神,教育学生为了国家和民族要艰苦奋斗、勇于奉献。

第二,爱国主义教育能与国情教育相结合,爱国主义教育不仅能让学生了解祖国的现状,而且能使学生树立民族自尊心和祖国利益高于一切的思想,有利于培养学生树立正确的爱国观。

第三,爱国主义教育坚持爱国主义和国际主义相统一的原则,使学生懂得他们既是爱国主义者又是国际主义者。

---

① 马建.正确认识爱国主义教育的本质[J].中国高教研究,2000(04):7-8.

道德与法治课程教材在编写上以社会主义核心价值观为指导，教师要善于挖掘和丰富教材中的教学内容，通过展现中华人民共和国的发展历程、取得的巨大成就，让学生更深入地了解国家，培养学生的民族自豪感和认同感。

（二）道德与法治课程加强爱国主义教育的学科意义

道德与法治课程要融合道德、法律、国情等相关内容，促进学生道德、知识、能力的综合发展。课程标准中规定的课程性质、课程目标、课程内容、课程资源开发和利用都与爱国主义教育紧密相连。爱国主义教育涉及道德、法律、国情等方面的内容，对于学生的成长有不可或缺的作用，有利于落实学科核心素养。

1. 有利于实现课程标准

道德与法治课程的课程标准将其性质分为思想性、人文性、实践性。思想性是指教师应以社会主义核心价值体系为导向，将学生培养成合格的公民。爱国主义教育引导学生热爱祖国、热爱人民、热爱社会主义，有利于将学生培养成合格的公民。人文性是指教师要用民族精神陶冶学生心灵，提升学生的社会责任感。爱国主义是中华民族精神的核心，爱国主义教育深刻阐释了团结精神、奉献精神、担当精神。实践性是指教师要引导学生参加丰富多彩的活动，注重爱国主义教育与社会实践相联系。教师可以带领学生走出课堂，如参观爱国主义教育基地、参加义务劳动等，学生在参与活动的过程中丰富自身的体验，增强实践能力。

爱国主义教育以学生生活为基础，有机整合道德、法律、国情等方面的内容，引导学生正确处理自我与集体、社会和国家的关系，为实现教学的知识目标、能力目标和情感态度价值观目标提供帮助。

开展爱国主义教育有利于学生了解我国的现代化建设成果，认识我国的国情，引导学生热爱祖国、热爱社会主义。关于课程资源的开发与利用，课程标准规定教师要注重学生的情感体验和道德实践，创新教学方法，创造性地使用教材，优化教学过程。爱国主义教育内容丰富，开展形式多样。教师要重视对本土爱国主义教育资源的开发利用，带领学生参观爱国主义教育基地，引导学生传承相关爱国主义理念。教师也要积极开展党史学习教育、国史学习教育、国情和形势政策教育，丰富教学内容，帮助学生树立民族文化自信心。

2.有利于道德与法治课程的积极建设

道德与法治课程作为学生道德培养的最主要阵地，在培养学生的良好道德品质方面发挥着重要作用。加强德育工作的首要内容就是进行爱国主义教育。爱国主义教育是提高全国人民整体素质的基础性工程，能推动祖国不断向前，让各民族团结一致。爱国主义教育可以积极发挥道德与法治课程的基础性作用，加强道德与法治课程的导向功能与实践功能。

导向功能是指爱国主义教育能纠正学生的错误思想，引导学生树立正确的学习目标，树立为中华之崛起而读书的坚定信念，把自身的发展与民族的提升联系起来，立志为社会主义建设贡献力量，为将来的成长指明方向。实践功能是指爱国主义教育形式多样，教师能带领学生走出课堂，加强课程的实践功能。教师可以带领学生欣赏祖国美丽的河山，了解民族悠久的文化；带领学生参观博物馆、历史馆、纪念馆，感受先辈艰苦奋斗、无私奉献、不屈不挠的精神。通过实践学习可以激发学生的学习兴趣，加深学生对知识的理解，引导学生树立正确的理想与信念，外化出具体的爱国行为。

3.有利于落实学科核心素养

结合学科特点和学生实际，构建道德与法治课程的学生发展核心素养体系。"三点一心"是：以培养"负责任的公民"为中心，以"道德品质、健康生活、法治观念"为三个基本点。学生的道德品质是经过长期的情感培养和意识培养逐渐形成的，爱国主义教育有利于将学生的思想外化为持续的爱国行为。

青少年是国家的未来和希望，更要锤炼品德修为，勇于承担责任。然而，人们的责任感并非自发形成，必须通过一定的教育去激发人们的责任意识。爱国主义教育具有激励和引导的作用，能把学生的人生理想与国家、集体紧密地联系在一起，引导学生正确地处理个人利益与集体利益的关系，增强社会责任感。在道德与法治课程中开展爱国主义教育能让学生认识到国家利益是实现社会利益和个人利益的保障，也是社会利益的最高表现，有利于学生树立自觉履行维护国家安全义务的观念。与此同时，爱国要做到守法。守法是爱国行为的底线，爱国需要法治的约束和保障。教师要引导学生依法爱国，不要超越法律的底线。

在经济全球化和互联网飞速发展的背景下，教师要培育学生的法治观念。爱国主义教育能引导学生遵法、守法、用法，让爱国主义行为更加理性规范，用法律来保驾护航。

(三) 加强爱国主义教育对学生成长成才的意义

1. 有利于学生形成正确的爱国观

爱国观是个人或群体基于对祖国价值的认同，对何为爱国以及怎样做到爱国等一系列观点的总和。学生树立爱国观的过程应遵循学生的认知规律，将爱国认知、爱国情感、爱国行为相统一。

从认知发展理论来看，认知的形成是激发情感和落实行动的基础。学生敢于思考和行动，情感认知逐渐变得丰富，但是心智尚未成熟，还不能完全辨明是非，认知发展停留在半成熟阶段。爱国主义教育能启发学生的爱国认知，让学生了解基本国情，明白个人的生存和发展是建立在民族、国家的未来基础之上，个人的命运与祖国的命运紧密相连。

爱国情感包括感性和理性两个方面，感性的爱国情感是自然而然产生的对祖国的热爱之情；理性的爱国情感是经过人脑的理性思维活动逐渐发展起来的，这种情感稳定且持久。爱国主义教育能以情感人，实现教师与学生心灵上的共鸣，使学生认同和内化爱国主义教育内容，将感性情感提升到理性情感，使其发挥持久且稳定的作用。

爱国观是一种社会情感和意识形态，如果不外化为具体的爱国行为，其本身发挥不了任何作用。爱国主义教育能培养学生的实践能力，引导学生的爱国行为，将学生的爱国认知、情感和行为紧密地结合在一起，促进学生形成爱国观。

2. 有利于学生道德品质的培养塑造

道德是教育的最高目的。我们国家一直重视道德教育，尤其重视青少年道德品质的培养。道德品质是个人在交往做事过程中，以社会道德观念和意识为基础，依据内心的道德行为准则而表现出来的稳定的心理特征，体现在所有的行为之中。

爱国主义是学生道德教育的重要内容，是培养学生形成良好道德品质的指路明灯，拥有良好的爱国主义品质是优秀道德品质的一个表现。因此，教师要抓住教育的关键期，及时开展爱国主义教育。道德品质的形成是在社会环境和社会关系的影响下，与自身内部因素相互影响逐渐发展起来的。爱国主义教育有利于避免不良影响因素对学生产生的误导，为培养良好的道德品质指引方向。因此，教师要本着长期教育的原则，综合学生的情绪、意志等方面的具体表现，充分利用道德与法治课程这一主要教育阵地，合理开展爱国主义教育，塑造学生良好的道德品质。

"以人为本"的学生观强调，学生具有巨大的发展潜能。爱国主义教育有利于学生提高明辨是非的能力、树立正确的爱国观念、适应复杂多变的国际环境。在道德与法治课程中加强爱国主义教育，有利于弘扬中华民族精神、培育社会主义核心价值观、实现课程标准对课程的要求、落实学科核心素养、帮助学生形成正确的爱国观。

总的来说，爱国主义教育对于学生的成长具有多方面的积极意义。教师要重视道德与法治课程中的爱国主义教育，积极为学生营造爱国主义教育环境，促进学生健康成长。

三、道德与法治课程中的爱国主义教育加强对策

（一）发掘与运用爱国主义教育资源

教材与其他教学资源不同，教师和学生使用的教材本身就是一种权威且优质的基础性教学资源。教材的编写遵循了学生的认知发展规律，集中体现了国家的意志，充分反映了新时代社会对公民发展的新要求，承载着立德树人的重要任务。

1. 充分挖掘教材中的爱国主义教育资源

（1）开发教材中爱国主义教育资源。

①充分重视教材。通过与教师的访谈，道德与法治课程教材内容以社会主义核心价值观为指导，从国家、社会、个人三个层面让学生系统地认识社会主义核心价值观的内涵和要求。教材中的教学内容非常值得教师学习和研究，为开展爱国主义教育提供理论基础；教师在教学时要充分体现国家的意志，不浪费教材中宝贵的教学资源。

②整体认识和感知教材。教材是一种权威且优质的基础性教学资源。教师想要利用好教材资源，就要整体认识和感知教材，了解教材内容的整体布局和教学任务，读懂各部分教学内容之间的衔接点，把握各部分教学内容在教材中的地位。

从整体布局看，道德与法治课程教材在编写思路上以"我"为中心、以"我"的生活维度为主线，围绕着"我"与他人和集体、"我"与社会、"我"与国家和世界这条线索展开，教材内容主要涉及道德、法律、国情等方面的内容。因此，教师要整体认知教材，读懂教材中每一部分的爱国主义教育主题，分析不同年龄段和不同生活地区学生对事物认知的衔接点，然后将课本中的爱国教育知识逻辑点与学生生活的逻辑点相对接，引导学生用理论知识分析和解决在现实生活中遇到的困难。

③研究和挖掘教材。道德与法治课程教材中的很多教学内容源于习近平新时代中国特色社会主义思想，是值得教师研究、挖掘和利用的教育资源。道德与法治课程教材涉及许多优秀传统文化，教师要借助优秀传统文化传播中国声音，讲好中国故事，帮助学生树立文化自信，从而加强爱国主义教育。与此同时，我们也要尊重不同国家之间的文化差异，善于借鉴其他国家的优秀经验，让中华文化在同其他国家文化的交流过程中不断进步。人们要树立全球意识，以开放包容的态度对待不同国家的文化，构建人类命运共同体。

此外，教材中也有很多与爱国主义教育相关的思辨性探究问题和探究活动，教师需要根据自身教学情况和学生学习情况合理地选择和使用，这也给了教师对教材资源进行二次开发的挑战和因材施教的机遇。因此，教师要发挥主观能动性和创新性开展研究和挖掘教材，以免造成教材资源的浪费。

（2）整合利用教材中爱国主义教育资源。教师在教材资源开发过程中占据主动地位，合理地开发教材资源能为教学赋予新的生命力。道德与法治课程教材中爱国主义教育资源的整合利用过程，是教师敢于打破常规，以一个新的视角向学生展示教材魅力的过程。成功地整合和利用教材资源会让课堂教学焕发出不一样的光彩，道德与法治课程教材中爱国主义教育资源的整合利用可以采用以下途径：

①充分还原教材中的爱国主义教育案例。由于教材在编写的过程中受

到篇幅的限制，一些教学案例的描述被简化，学生在学习时场景代入感不强；因此教师可以参考相关材料，还原相关案例的真实情节，呈现真实的细节，使案例生动鲜明，增加案例的趣味感和生活感。

学生通过对真实案例的深入了解，会感到所学到的东西是真实可信的，增添了课堂教学的生活气息。同时，教师可以根据教学需要，对教材中呈现的多个案例进行二次开发和改编，用一条逻辑主线将多个人物、故事、情景串联起来，以"一案到底"的教学方式开展爱国主义教育，这有利于加深学生的学习印象。

②整合教材中的爱国主义教育内容。道德与法治课程教材中很多内容是循环往复且不断上升的，教师可以按照教学的需要整合教材内容。教师开展爱国主义教育时要学会整合教材的前后教学内容，利用学生的知识储备来引导学生掌握新知识，这样开展爱国主义教育可以做到事半功倍。

③合理利用教材中的栏目活动。道德与法治课程教材中有很多栏目活动，这些栏目活动有利于学生拓宽视野、激发学习兴趣、增强探究能力和实践能力、加深对所学内容的理解和感悟。因此，教师在教学过程中应该充分利用不同的栏目活动，提高学生的阅读能力，增加学生的知识储备，加深对所学知识的感悟。

2. 适当补充教材外的爱国主义教育内容

（1）增加与现代化建设成就相结合的爱国主义教育内容。改革开放以来，我们国家的经济迅速发展，科技实力显著增强，中国特色社会主义现代化建设取得了巨大的成就，这为教师开展爱国主义教育提供了很好的素材。教师在开展爱国主义教育时不仅要挖掘教材内容，而且要扎根现实，适当补充一些与现代化建设成就相关的内容，这有利于增强学生对我国综合国力的了解，坚定他们的民族自信心。教师可以利用中国特色社会主义制度的优势以及党领导人民取得的革命、改革、建设方面的伟大成果来开展爱国主义教育。

（2）增加与本土爱国主义教育资源相结合。有条件的地区要充分利用地方特有的文化遗产、历史遗迹、特色产业等具有教育功能的资源，引导学生深入了解家乡、地方和国家的历史文化。

道德与法治课程教材中的教学内容符合学生的身心发展规律，但是受教材篇幅所限，教材内容不可能顾及全国所有地区的学生。因此，教师应该结合实际情况，针对不同地区的学生充分挖掘和利用本土爱国主义教育资源，补充与本土资源相结合的教学内容，这对于弘扬中国道德传统、提升学生的思想道德素质具有重要意义。

（3）增加与学生生活实践相结合的爱国主义教育内容。教师在教学时应该增加与学生生活实践相结合的爱国主义教育内容，原因有以下两点：

①道德与法治课程是一门以学生的生活为基础的综合性课程，课程内容更多的是贴近学生的日常生活，学生对教材中的很多教学内容都有着丰富的经验。因此，教师要善于发现和利用学生已有的生活经验，开展生活教学，加深学生的学习体验和感悟，不再盲目地进行理论说教。

②根据学生特殊的身心发展特点，教师在开展爱国主义教育时要将教学内容与学生生活相结合。一方面，学生的抽象思维能力相对薄弱，学习教材中的抽象概念仍需要具体形象的生活素材来辅助理解；另一方面，传统的灌输式教学已经不能满足学生的需求和素质教育的要求，学生更希望教师能将教学内容与他们的生活实践经验结合起来，给他们充足的思考空间，让他们发表自己的观点和感悟。因此，教师要把贴近学生生活的素材融入教学中，这样有利于学生结合自身经验去讨论和分析问题，培养学生的实践能力。

（二）选择爱国主义教育的有效方法

1. 问题教学法的有效运用

问题是连接"主导"和"主体"的纽带。在教学中提问是教育者找出特定的问题情境、引导学生探讨和解决问题的过程，也是锻炼学生思维意识和提升认知水平的重要过程。问题教学法，是指在教学过程中，以问题为核心，向外扩散，通过师生共同探索研究，找出解决问题的方法，从而得出结论，解决问题，并在实践中加以掌握和运用，最终达到问题教学法的目的。

（1）问题教学法的特征。

①自主性为主。在爱国主义教育中，问题教学法的实施大多是通过师生之间、生生之间相互沟通及互动来达成，其中更加看重的是学生自主的学习和积极的研究。学生既要学会如何吸收教师传授的知识，更应该有辩证的

思维意识和质疑能力,能够自主寻找问题、探究问题以及处理问题,能够切实发挥主人翁作用,扮演好政治课中的主角角色。只有这样,学生才会更向往政治知识,从而达到更高的学习效率。

②实践性贯穿始终。学生在掌握爱国主义教育知识时,应该在具体的实践中去探索。在应用问题教学法的教学过程中正是通过引导学生实际去解决问题来掌握知识的,因此实践性也是问题教学法的一个关键的特征。而在爱国主义教育上,应用该方法的整个教学过程中,是要让每一个学生都能认真地融入课堂当中的问题,实际去思索讨论问题,想出问题的答案。因此,问题教学法还是要求学生能亲身实践来习得知识。

③启发性意义深远。问题教学法为迎合课程目标及学生的实际需求而改变,进而受到了教育者的喜爱。问题教学法在爱国主义教育中实施,要求教师在学期初就要做好准备工作,了解他们的学生,再根据班级学生的具体情况去搜集足够的、能引起学生注意力的案例,结合教材设定问题情境,启发学生思考问题、学会知识。在这过程中,教师对于学生的启发诱导是依据学生的身心发展水平和思维方式的结合,激起他们的积极性,然后进行交流和探讨问题,利用同学们已经习得的知识推理出处理问题的策略,加强他们的思维能力。在此之下,学生的分析和回答一般都具有开放的特点,也有足够真实的特性,因而问题教学法在政治课上的实施过程也是具有启发性意义的。

(2) 问题教学法在爱国主义教育中运用的现实意义。问题教学法的应用有助于爱国主义教育效果的提升。其实,学校教育本来就应该是培养学生各方面能力的教育,包括培养学生解决问题的能力、学习科学文化知识的能力以及自身的道德文化修养,而以问题教学的形式来培养其问题意识是爱国主义教育中应有之义,也能够使得道德与法治课程更加生动有趣味,让学生更热爱学习政治。所以,该法在爱国主义教育中的应用具有可行性和现实意义。

①有利于培养学生学习的主动性和创新精神。在爱国主义教育中实施问题教学法,能够有效地吸引学生的注意力,让他们更好地融入教学情境中去,从而主动去探求解决问题的答案,同时又注重提高学生的创新能力,使他们在良好的思索习惯中让创新成为一种自觉的思维形式。

在教学过程中，教师通过介绍、分析教育教学活动现象和过程，给予学生一些一手资料以后，激发学生积极思考，找出最根本的问题所在，结合自己积累的经验和所学的知识，与同学们共同交流和分析问题，从而达到解决问题的目的。在爱国主义教育方面，学生需要自己主动地去思考探索，不断地发现问题提出问题，通过这种方式提高学生的问题意识和思考问题的能力。同时，在这个环节中学生了解了更多的学习技能和分析问题的方式。最后，学生在相互合作处理问题的时候培养了团队精神和创新能力，掌握了分析问题的方法和策略，并且激起了学生追求真理的欲望，有利于他们整体的发展。

②有利于推动教师知识的更新以及提升教师的综合能力。在爱国主义教育方面，实施问题教学能更有效地实现教学目标。在这个过程中，教师更需要有扎实的政治课理论知识和创设问题的能力，因此对于教师的各方面能力有更高的要求。

一名优秀的思政教师，要坚持终身学习的目标，掌握专业知识以及传授知识的技巧，在课堂上使用新的教学方式，课后不断总结评价自己的工作方式，改变单调的课堂教学法，将设计好的新颖的模式应用到课堂，吸引学生眼球，博得他们的喜爱。问题教学法有其独特的方法特性，因而在实施过程中也有利于推动教师更新自己的知识库，做好每节课的课前准备、课上讲解及课后反思工作，思考每节课讲授过程中的优点和不足，不断提高自己的教学水平。因此，可以说政治课中实施问题教学确实能促使教师更广泛地学知识，更好地讲授知识，增强各个领域的综合能力。

③有利于提高爱国主义教育的趣味性和时效性。正确运用问题教学法也可以消去课上的沉闷烦躁，使得道德与法治课程更加活跃。

第一，通过在爱国主义教育中实施问题教学法，教师和学生进行平等的对话，缩小了师生间的距离，也使得师生的关系变得更加和谐融洽，使道德与法治课程的氛围自然放松，让学生也不过于紧张。问题教学法以问题为切入点，也要求教师拥有很好的掌控能力以及扎实的专业知识，可以带领学生探讨问题，在这当中就会抒发出师生人格的魅力，并且学生在解决创设的问题情境过程中获得成就感和满足感。

第二，在爱国主义教育中，教师通过分析教材知识点并结合社会热点来创设相关情境提出问题，引导学生思考并解决问题。在这个过程中不仅打破了学生的思维定式，发展学生的创新能力，而且能增加学生相互交流、相互了解的机会，通过头脑风暴、共同思考等，最终使问题高效、快捷地得以解决。

第三，让师生动起来。问题教学法通过问题将师生进行连接，利用不同问题将同学们的思想带活，因而积极地融入探索中去。同时，在整个团体一起讨论的时候，也能提高教师的教学掌控能力与自身教学修养，两者相辅相成，让静态课堂转为动态课堂，让氛围快乐起来。教师在爱国主义教育中实施问题教学法，利用多媒体网络等媒介，结合其他教学方法，设定学生感兴趣的问题情境来调节课堂气氛，既能够提高学习时效性，也能让学生真正对爱国主义教育感兴趣，乐于学习。

(3) 道德与法治课程上教师可以采用问题教学法加强爱国主义教育。

①设计的问题要符合爱国主义教育教学目标。教师在设计问题时要联系教材内容和课程标准，选择有探讨意义的问题。

②突出学生的主体地位。教师要留给学生充足的思考空间，培养学生主动思考和不断探索的精神。

③教师设计的问题要贴近学生生活。教师应该设计与学生生活相关的问题，让学生利用自身的经验去分析和解决问题，感受爱国主义教育和他们的生活紧密相连。同时，教师要提升自身的理论功底和灵活应变的能力，这样才能在教学过程中游刃有余，激发学生的学习兴趣，提高爱国主义教育的实效性。

2. 情境教学法的有效运用

情境教学法是教师在教学过程中有目的性、有导向性地设置一些能唤起学生情感共鸣的情境，使学生身临其境，激发情感体验，从而更好地理解教学内容。

(1) 情境教学法的优点。

①情境教学法有利于激发学生的学习兴趣。情境教学法是教师在设置的情境中与学生展开互动或适当地引导学生，教学过程中以学生为主体。这种特定的情境有利于学生集中注意力、不断思考和探索，增加新鲜感和求知欲。

②情境教学法有利于发挥学生学习的主体性。教师设计好情境之后，会对学生进行引导，从而让学生完全参与到情境中。学生在参与的过程中可以激发学习潜能、发展个性，增强自主学习的能力。

③情境教学法有利于提高学生的综合素质。教师为学生营造了良好的学习情境，学生在参与过程中不仅收获到了知识，在互动过程中还提高了语言表达能力、角色扮演能力、团队合作能力等。

④情境教学法有利于培养学生的创新思维。教师经过精心准备，创造出容易让学生产生独特见解的情境；学生在特殊的情境中思维会变得灵活，容易提升创新思维能力。

（2）创设问题式教学情境。问题式教学情境是指教师创设的教学情境有利于提出问题，让学生主动发现问题和回答问题。例如现实生活中经常会出现一些冲突性、矛盾性和两难性的问题，教师就可以在特定教学情境中设计一些这样的问题，激发学生的认知冲突，提高学生的思辨能力，让学生在讨论和辩论中提出解决方案。

（3）创设参与式教学情境。参与式教学情境是指教师创设的教学情境有利于学生积极主动地参与，不错过任何一个教学环节，教学氛围是民主、和谐、愉快的。例如教师可以在课上开展爱国主义教育活动，让学生提前搜集和准备好与活动相关的资料，鼓励学生参与设计和表演，让学生全身心地参与到活动中，加深对所学内容的理解，做到知行合一。

（4）创设与生活相关的教学情境。教师创设的教学情境要紧贴学生的现实生活。

3. 榜样引导示范法的有效运用

榜样是在一定历史条件下、一定历史时期内，集中体现一定时代和社会群体所倡导的主流道德观念和精神价值，并通过其内涵的思想境界和外显的行为实践对他人具有借鉴、感染或者激励作用的人物或事迹。

榜样示范法是教育者为了达到某种教育目标，通过选取、示范榜样的思想、事迹、品德等来引导、带动、激励受教育者学习、效仿榜样优良品质，以提高教育对象思想认识、行为规范的过程和方法。在把握榜样示范法的内涵时，一方面强调榜样的重要作用，要通过榜样的思想、事迹、品德来感染激励受教育者，因此如何选择和宣传好榜样对榜样示范法效果的发挥至关重要；另一方面，榜样示范法还强调教学过程双主体的互动性，认为榜样示范法的运用不仅是教育者选择、树立榜样的过程，也是受教育者接受、学习和效仿榜样的过程，要注意教育实效的发挥。

（1）榜样引导示范法的特点。

①榜样引导示范法具有真实性。榜样是鲜活的人，是真实存在的。榜样的身上体现着正确的价值观念。

②榜样引导示范法具有说服力。有些时候，教师仅用国家和社会推崇的价值观念来劝说学生，学生在理解和接受这些观念时可能会存在一定的困难，可能会仅仅学习到观点的表面意思，并没有深刻的感悟，体会不到所学东西的真实意义。榜样引导示范法以典型人物的事迹来教育和感化学生，能够让学生体会到所学知识的实际意义，增强教学的说服力。

③榜样引导示范法具有感染力。榜样人物具备大多数人所不具备的高尚道德和独特的人格魅力，他们身上的故事往往能够吸引和感动他人。在现实教学中，教师可以结合优美的语言文字和动情的音乐解说榜样人物的突出事迹，或者将榜样人物的故事以视频的形式展现在学生面前，加深学生的学习感悟。

（2）榜样示范法的运行机制。机制是指一种事物内部组成部分各要素的制约关系及相互作用的过程。榜样示范法的运行过程也存在着一定的规律，并且榜样示范法的各个阶段也存在着相互之间的关系。

①榜样选择。榜样选择是指教育者发现和选拔榜样的过程，即教育者按照一定的标准，遵守一定的程序和原则，选出示范的对象。在榜样示范法的运行过程中，榜样选择是第一个环节，是榜样示范法运用的前提，榜样的选择会影响着后续的教学效果。所以，教育者在选择榜样时，要考虑以下内容：

第一，榜样选择要有标准。教育者只有明确了榜样选择的标准，才能确定在思想和行为上达到怎样的程度，才能被作为榜样；对该问题的明确是在为榜样选择明晰尺度线。对于榜样选择的标准，要注重榜样人物的正面引导性，即我们所选择的榜样，是符合社会主义核心价值观的，是符合时代和个人的发展要求的。在新时代，不仅注意榜样标准的时代性、科学性，也要不断丰富榜样选择的标准，不要以单一的、一成不变的标准束缚了榜样选择的眼光。

第二，榜样选择要具有针对性。教育者在选择榜样时，一定要考虑到受教者的具体状况，比如他们的认知水平、价值取向、身心发展水平、道德水平等，再进行榜样选择。选择适合受教育者的榜样人物，满足受教育者对榜样的需求。

②榜样整合。榜样整合是指教育者根据一定的标准选出榜样后，在进行宣传榜样之前，教育者对榜样的组成结构进行分析的过程。其目的在于通过对榜样的组成结构进行分析，挖掘出榜样所蕴含的内在精神品质，提升榜样的价值内涵，为教育对象展现真实可信、全面深入的榜样形象。整合榜样是榜样宣传之前必要的准备阶段。必须对榜样进行深入的整合，才能把榜样最深刻、最内在的精神品质凸显出来。

榜样整合需要对榜样人物的组成结构进行分析，主要从榜样的人物形象、相关事迹、成长过程、精神品质进行分析。教育者在整合榜样时需要注意的内容包括：a.教育者要通过各种资料和方式去了解榜样的相关事迹，要选择具有代表性的事迹进行整理，并且确保榜样事迹的真实性；b.注重挖掘榜样的精神品质，通过分析榜样人物的行为，分析出榜样行为背后的心理，概括出榜样人物的精神内涵、优秀品质、道德标准或者价值观念等，加强对于榜样的理性认识；c.结合榜样的成长经历进行分析，因为一个人的成长经历对于个人品质的塑造十分重要，通过分析其成长的经历，探寻出榜样内心真正的所思所想，加强对于榜样的感性认识。榜样整合阶段看似简单却十分必要。教育者只有经过对榜样仔细的整合才能塑造出一个真实、可靠，让学生乐于了解和学习的榜样形象，从而为榜样宣传和发挥效果奠定良好的基础。

③榜样宣传。榜样宣传是指教育者运用一定的宣传方式和媒介，对榜样的相关事迹、思想内涵和精神品质进行讲解、宣传的过程，也是教育对象了解、学习榜样的过程。榜样宣传也是榜样示范法运行的重要阶段，教育者是否能够真实有效地将教学内容（即经过榜样整合的榜样相关内容）进行有效宣传，对榜样示范法的运用效果起着至关重要的作用。对于榜样示范法的榜样宣传阶段，教育者需要注重以下几个方面：

第一，注重榜样宣传内容的真实性。教育者在宣传榜样时，要确保宣传内容和宣传过程的真实性，对于榜样宣传环节是十分重要的。同时，要避免教育者对榜样人物形象的刻意夸大，这种做法反而会适得其反，让受教育者觉得不真实，从而削弱宣传效果，在进行榜样宣传时，教育者必须遵循真实性原则，确保宣传内容（即榜样相关资料）的真实性。

第二，明确宣传榜样的方式。在榜样宣传过程中，教育者要明确通过何种宣传方式使榜样相关事迹在一定范围内的受教育者中得到广泛、深刻的传播，从而让人们更好地了解、学习榜样的形象，了解榜样的优秀事迹、精神内涵和优良品质。这要求教育者充分了解各种宣传方式，并在宣传榜样时，结合其他教学方法和新兴媒介进行宣传，以增强榜样的感染力和学生的学习积极性。

第三，榜样宣传要结合教育对象实际，促使对榜样思想的内化和行为的外化。教育者在宣传榜样时结合教育对象的生活实际，才能让教育对象愿意接受和认可榜样的价值观念，才能把榜样的价值观念融入自己的价值体系中去。在宣传榜样时，一定要从学生的生活实际、道德认知水平和价值观念出发，才能帮助学生了解学习榜样。

④榜样效能。榜样效能是指在宣传榜样后，使受教育者在思想和行为上发生改变，能够积极主动地学习和效仿榜样行为，领悟榜样精神内涵的过程。教育效能是榜样示范法的最后一个阶段和最终目的。榜样的选择、整合和宣传，都是为了让榜样发挥更好的效果和作用，因此该阶段既是榜样示范法的最终阶段，也是对榜样示范效果的检验阶段，是一个长期、渐进的过程，其主要标志是受教育者在思想层面和行为层面发生的改变。

榜样效能阶段主要在于检验教育对象能否将榜样优良的精神品质做到内化践行，所以榜样效能阶段也是检验阶段。在榜样效能阶段，要注意以下几个方面：

第一，教育者需要对教育对象进行正确引导。在宣传榜样之后，部分教育对象还是不能很好地领会榜样精神，这就需要教育者的继续引导了，帮助教育对象更好地学习榜样，增强榜样效能。

第二，教育者要对榜样教育实效的发挥进行定期的检测和反思。因为榜样示范教育发挥实效是一个长期的、循序渐进的过程，因此教育者需要对教育对象进行长期的观察，检验榜样示范最终的效果，从而发现并反思自己运用榜样示范法的不足之处，不断改进榜样示范法的运用，增强榜样示范法的教学效果。

(3) 道德与法治课程上教师可以采用榜样引导示范法加强爱国主义教育。

①选择有效的学习榜样。一个有效的学习榜样是指教师选取的榜样不仅要有特殊的教育意义，还要与学生的某些方面具有相似性，激发学生的情感共鸣。教师要了解学生的兴趣和需要，关心学生的日常生活，找到他们与榜样之间的联系。由于学生在学校的时间较长，校内的同伴群体对学生有更强、更持续的影响，所以学生的同伴群体也是有效的学习榜样，教师要善于留意和挖掘学生身边的榜样。

②加大对榜样的解读力度。教师在教学中展示的榜样形象或事迹要具体和深入，让学生深入理解榜样形象或事迹的本质和背后体现的价值。教师在教学时要多方面、深层次地解释所呈现的榜样素材，为学生设计值得探讨的问题，让学生表达自己的看法，加深对榜样的理解。

③发挥教师自身的示范作用。教师职业道德规定，教师在教学和生活中要做到为人师表，发挥自身的榜样示范作用。教师应该正确认识自己的角色定位，教师不仅是知识的引领者，还是学生学习的示范者。身教重于言传。教师号召学生做的事情自己要率先完成，学生在与教师的相处过程中会受到教师潜移默化的影响。因此，教师自身要增强爱国认知、激发爱国情感、强化爱国行为，积极正确引导学生。

(三) 实践爱国主义教育的活动组织

学校要充分营造爱国主义教育的浓厚氛围，组织开展丰富多彩的校园活动。教师要和家长保持密切联系，引导家长配合学校开展爱国主义教育工作。各地区学校要依托爱国主义教育基地，推动中小学实践活动课程的实施。

1. 家校合力

道德与法治课程中开展的爱国主义教育实践活动要符合学生的心理诉求，开展爱国主义教育实践活动是增进学生爱国情感的重要手段，爱国主义教育实践活动的开展对于讲好爱国主义故事、加强爱国主义传播有着积极的作用。因此，教师要注重学生实践能力的培养，积极在学校和家庭中开展爱国主义教育实践活动，发挥学校教育和家庭教育的合力，让学生在实践活动中有所感、有所想、有所悟。

在学校中开展爱国主义教育实践活动，有利于营造积极的、文明的校园环境。教师可以根据学校现有的教学条件以及学生的需求来选择实践活动的形式，教师尤其要重视我国传统节日文化的教育作用，增强学生的民族文化认同感，激发学生的爱国情感。爱国主义教育实践活动不仅让学生收获了知识，还能缓解学生的学习压力，提高学习兴趣，使学生有很强烈的参与感。在道德与法治课程中开展的爱国主义教育实践活动，有利于学生加深对知识的理解，提高爱国主义教育的实效性。

在家庭中开展爱国主义教育实践活动，有利于与学校教育形成合力。教师可以通过网络交流平台或者家访的形式与学生家长保持沟通，了解学生的日常生活，关注学生的思想状况。家长也可以陪同孩子参加爱国主义教育实践活动，这有利于促进家长与孩子之间的交流。例如：家长和孩子可以一起参加社区组织的爱国主义教育宣讲活动；家长陪同孩子一起参观爱国主义教育基地；孩子参加爱国主义教育相关活动，家长帮忙一起搜索资料、一起练习等。家庭环境对孩子成长的影响十分重要，家长从小就要培养孩子的家国情怀，鼓励孩子积极参加社区的志愿服务活动、从身边的小事做起，培养孩子的奉献精神和吃苦耐劳的精神，让孩子扣好人生的第一粒扣子。

爱国主义教育实践活动的形式是丰富多样的，学生在参与的过程中不仅收获了知识，还提高了语言表达能力、角色扮演能力、团队合作能力等。在道德与法治课程中开展爱国主义教育离不开实践活动，学生在实践活动中不断地学习和运用爱国知识，不断丰富自身体验，增强实践能力，领悟所学知识的内涵。教师和家长要努力为学生创造条件，引导学生在实践活动中收获知识和感悟。

2.创建爱国主义教育基地

爱国主义是一种社会认知，因此创建具有爱国主义教育特色的场所——爱国主义教育基地，可以开辟学生爱国主义教育的第二课堂，从而把握学生爱国主义实践育人这一重要抓手，厚植爱国主义情怀。

（1）创新教育基地的教育理念。理念是行动的先导，要发挥爱国主义教育基地的教育功能，必须积极创新教育理念。可以从以下几个方面着手：

①强化立德树人理念。我国的爱国主义教育基地数量、类型众多,应利用这些基地引导学生自觉主动学习、自觉规范行为。通过教育基地的优势来影响和塑造新时代的学生,加强他们的个人道德和职业道德,培养高素质的人才。在教育者的引导下参观,有助于唤醒学生对国家社会强烈的责任感,以及对祖国未来发展的忧患意识。

②创新实践育人理念。爱国主义教育基地是爱国主义教育的重要载体,组织学生参观、访问,并将其与自身实际生活联系起来,让学生更好地领悟为什么要爱国,以及如何爱国,参观使学生有切身感受。我们要从全面实现中华民族伟大复兴中国梦的战略高度,意识到爱国主义教育基地的特殊作用。

③发展以人为本理念。爱国主义是知、情、意、行的统一,是人的爱国心、爱国情、爱国行循环作用的结果。爱国主义的主体是人,因此教育基地的教育方式、教育理念一定要以人为本。学生是知识体系较为完善、智力水平较高的一个群体,因此教育基地要通过自己的优势深层次地挖掘爱国主义的核心内涵,掌握学生的需求,了解他们的喜好,成体系地输送理论知识。只有契合新时代学生的特点,通过喜闻乐见的方式来引导和教育新时代的学生,使他们自觉地把爱国主义作为自己的价值判断,自觉地把爱国主义融合到自己的行动中去,才能最大限度地发挥教育基地的优势。

(2) 优化教育基地的教育方式。

①完善校内德育基地。学校应当充分挖掘校园内部与德育相关的内容,通过与学生生活、学习的频繁关联,成为新时代爱国主义教育的新阵地。学校可以院系为单位组织学生参观校史馆等纪念馆,既可以看到学校的整个发展历史,还可以看到前辈、杰出校友们为学校、为祖国繁荣富强而辛勤劳动的足迹。

②利用校外爱国主义教育基地,积极开展社会实践活动,组织学生参观革命传统教育基地,发挥教育基地的教育功能。新时代实现网络与现实的立体化结合,打造了宣传游览平台,运用主题网站、微信公众号、论坛等促进爱国主义文化的传播。主题网站的创设要贴近学生生活,贴近学生思想素质。减少各学校主题网站内容的同质化现象,在还原历史的基础上尽可能用独特的方式向学生展示,彰显其爱国主义教育实效。

（3）积极开拓爱国主义网络教育阵地。在信息化时代，学生爱国主义教育者不仅要守好传统课堂教育阵地，还应积极开展网络爱国主义教育新阵地，以实现传统课堂教育阵地的延展，跟上现代教育的步伐。

①推动网络爱国主义教育的精准发力。在网络爱国主义教育阵地中，要时刻关注网络舆论的走向，以辩证思维引导学生分辨出网络喧嚣背后的意识形态，警惕学生陷入虚无主义的陷阱。

学校可以运用大数据对学生的网络语言和行为信息进行搜集整合，了解学生经常浏览的网站、搜索频率最高的新闻事件，通过数据分析可知学生较为关注的热点问题，结合课堂知识进行备课，及时为学生答疑解惑，从正面宣扬爱国主义相关理论，营造良好的爱国主义氛围，使学生自觉将情感性与知识性、历史性与时代性相统一，让爱国主义成为每一位学生的坚定信念和精神依靠。

借助校园网络平台发力。目前，诸多学校都有属于本校的校园主题网站，其内容较为丰富且更新速度极快，因此要持续增强校园网络的教育引导功能。通过校园网络平台积极推送符合社会主体价值观的内容，形成正确的价值导向，引导学生的思想认知；还可以推送国内外热点事件，让学生及时了解国内外最新局势及热点事件。通过正确的引导，促使学生形成成熟对待热点事件的思维。可以设立爱国主义教育论坛，让学生通过校园网络平台表达自己的爱国情感，或在论坛中及时提出自己的困惑；组织专业教师团队积极为学生答疑。网络中青年的爱国言论表达相对自由，参与意识较强。通过情感互动和信息教育，强化爱国主义教育思想，实现线上线下互通联动，充分激发学生的爱国情怀。

②丰富网络爱国主义教育的方式方法。新时代随着网络技术的日益成熟，为爱国主义教育提供了更有效、更科学的方式方法。在大数据、云计算的催化下，将枯燥的理论文本通过视频动画、音乐图片等多样、直观、有趣的形式全维呈现，增强了理论传播的亲和力和感染力，为学校爱国主义教育提供了全新的教育载体。学生开始自主浏览、主动接受学习，在潜移默化中学习理论知识。

互联网是全球最大的信息数据库，容量巨大、信息齐全，为学生自主搜索课外知识提供了便利。教育者可以借助现代科技，运用3D技术、VR

技术等，创设生动鲜活的爱国主义教育情境，强化学生爱国主义的情感体验。慕课、微课、优质课程数据库、VR 技术等不断融入学校爱国主义教育中，使得新时代我国教育的模式更加多样化、更加高效。现如今教育逐渐信息化，将信息技术引进课堂教学，构建新型教学模式，可将重难点内容录制成小视频，给课堂注入活力，提升学生学习的积极性，切实提高教育的实际效果。

(4) 参观爱国主义教育基地注意的内容。

①确立好学习目标。在参观之前，教师要开一个简短的动员大会，将此次的参观目的传达给学生。教师要让学生认识到参观活动是要带着目的去学习。学生通过参观、回顾历史，学习革命先烈的斗争精神和奉献精神。教师也可以提前几天向去参观的学生下发学习手册，让学生了解所要参观基地的历史沿革，提前为他们做好知识普及。与此同时，教师也要对学生进行安全教育，切实做好各项安全工作。

②在参观的过程中教师应该根据实际情况与学生进行互动，确保学生对所学知识的吸收和理解。教师既要让学生乐在其中，在参与互动中受到启迪，又要保证学习的严肃性，让学生心存敬畏。

③爱国主义教育基地是一个常学常新的生动课堂，教师要建立起爱国主义教育学习长效机制，定期组织学生参观，充分发挥爱国主义教育基地的育人功能。学校也要开发多条爱国主义教育研学旅行路线，引导学生传承爱国主义教育理念。

加强爱国主义教育工作，教师的职业角色和教学行为都应发生转变。首先，教师应该是课程的建设者和开发者。教师必须在课程改革中发挥主体性作用。教师不仅要充分重视教材、整体认识和感知教材、研究和挖掘教材、整合和利用教材中的爱国主义教育资源，培养主动选择和创造性使用教材的能力，而且要积极参与地方课程与校本课程的建设，增加与现代化建设成就、本土爱国主义教育资源、学生生活实践相结合的爱国主义教育内容，培养开发课程的能力。

教师应该是学生学习的引导者和学生发展的促进者。教师不仅要传授学生爱国知识，而且要创新教学方法，激发学生学习的动机。问题教学法、情境教学法、榜样引导示范法能激发学生的学习兴趣，培养学生自主学习、合作学习的能力，促进学生个性发展，增强学生的爱国情感。

教师应该是社区型的开放教师。新课程特别强调学校与家庭、社区的互动，提出要家校合力开展爱国主义教育实践活动。爱国主义教育基地是一个常学常新的生动课堂，参观爱国主义教育基地能领悟所学知识的内涵，丰富学生自身体验，使学生在爱国行动上更自觉。

第二节　道德与法治课程中的社会责任意识教育

一、社会责任意识

学生是中国特色社会主义事业的接班人。对学生进行道德与法治课中社会责任意识的教育，是新时代发展的必然要求。

（一）责任意识的要素

责任意识是从责任主体心理角度出发，以现实问题为依据的重要心理品质与积极特质，它对社会存在具有能动的反作用。它能反映社会发展的趋势与要求，促进社会发展。从道德角度讲，责任意识的根本目的在于要求责任主体自觉、主动完善分内事务。具体内涵不仅体现在行为主体承担的责任过程中，也体现在主体对责任过程所表现的积极性与使命感上。行为主体可通过责任意识对具体情景的应激反应，相继完成不同时期的应尽义务。因此，责任意识具有自觉性、具体性、阶段性等特征。

责任意识由以下三个方面构成：

1. 责任认知是基础

责任认知是责任主体在一定标准下对责任内容及意义等方面的具体感知、判断及评价。它是责任认同形成的开端，核心要义在于责任主体对自身所处角色相对应义务的理解与学习。

2. 责任认同是保障

责任认同是责任主体选择、行动时产生的一种价值观取向，属于责任意识要素的第二梯队内容。它能扩大责任认知的深度，也能调节责任行为，增加责任主体的自我约束力。深刻责任认同是正确责任行为产生的基础。

3. 责任行动是体现

责任行动是责任主体在责任认知的指导下、责任认同的助推下，主动履行责任与义务的实践活动。

(二) 社会责任意识的类型

社会责任意识是责任意识在社会责任具体领域的意识存在。它是责任主体在某个特定社会时代背景下，对世界、国家、民族、集体、他人及自身等对象所需承担责任的复杂心理品质与价值取向。在按层次内容分类中，社会责任意识可分为对自我的责任意识、对他者和社会群体的责任意识、对国家和民族的责任意识以及对世界和人类的责任意识等。其关系如下：

首先，对自我的责任意识是基础部分。因为只有责任主体珍视自身生命与生活，重视自身发展，才能产生对他者、社会群体的责任认知、认同，甚至责任行动。

其次，对他者和社会群体的责任意识是每个责任个体完整责任意识链形成的关键要义。它是责任主体对他者和群体履行的最基本的义务。

再次，对国家、民族的责任意识是根本要素。它属于现代意义上的民主意识范畴，在世界各国的文明体系内有着不同程度的表现。随着社会的进步，在解放思想与推进民主进程中这种意识越发被人们认同。

最后，对世界、人类的责任意识是整体责任意识的归宿。在全球联系不断增强的今天，人类命运共同体等主流价值观理应成为人类整体责任意识的核心要义。而在此基础上形成的对世界、人类的责任意识更应是全球意识崛起的标志。对全人类智慧与理智发起新的伦理价值体系构建挑战，离不开对此类责任意识的系统教育。在和平与发展为当今时代的主题的背景下，个人对人类、世界的责任意识养成，必然是时代教育的归宿。

(三) 学生社会责任意识的特点

从学生社会责任意识的主体、内容、道德教育程度等方面出发开展研究，是把握其基本特征的关键点。除了具备普遍社会责任意识特征，学生社会责任意识也保留着自身的特点。

第一，从社会责任主体着眼，具有层次性特征。学生在每个年级阶段面临的主要矛盾并不相似，社会责任意识也会处于不一样的水平上。

第二，从社会责任内容来看，具有单一性特征。社会责任意识的责任主体社会身份、地位不同，会表现出不一致的内涵。学生从孩提入学到步入大学门槛，社会身份几乎鲜有改变。没有复杂的社会经历与社会关系做支撑，社会责任意识内容无法得到相应拓展，故较为单一。

第三，从社会责任主体受道德教育程度来分析，具有差异性特征。

第四，从社会责任履行角度看，具有自愿性特征。因为学生本身发展的特点，其社会责任意识相比大众而言更为纯粹，不以"利"为根本目的。它是建立在更高道德教育起点上的、以自身感知和觉悟为内驱力的可塑性强的自愿责任行为。

(四) 学生社会责任感培育的时代价值

1. 实现学生个人价值的必然要求

在个人推动社会发展和进步过程中，以创造性劳动的方式贡献个人价值。新时代的学生应当具备较高的思想道德素养及文化素养，德才兼备，以知识和技术为支撑，以道德和文化规范自身的行为，用自身正确的行为来影响和感化他人，产生环境效应。

新时代学生需要具备较强的社会责任感，对国家、社会、集体贡献人生价值，让自己的生命更加有意义。现代社会，社会主流价值观仍占据主要位置，社会发展所带来的机遇也给学生带来了发展平台，助力学生的发展。在这种背景下，新时代学生必须具备强烈的社会责任感，才会产生源源不断的动力，为自身的发展创造条件，进而实现个人价值。

2. 实现中国梦责任担当的必然要求

中国梦目标的实现需要全国人民的共同努力，需要向心而行，其核心要求是实现"两个一百年"奋斗目标。新时代学生也是社会公民中的一分子，正处于人生发展的关键期，精力旺盛、善于思考、思维开放，是社会发展的中坚力量；另外，从年龄特点来看，其也是两个一百年奋斗目标的最终受益者，因此更应当走在时代前沿，担负民族复兴的重任。学生是全面深化改革和对外开放的主力军，因此学校必须激发其主动性和创造性，为国家发展及民族复兴提供智力支持，最终使得学生担负起实现中国梦的社会责任。可见，实现中国梦的社会责任，必然要求学生具备强烈的社会责任感。

二、道德与法治课程中的社会责任意识含义

道德与法治课程中的社会责任意识教育，就是通过在道德与法治教育过程中，教师开展对学生的社会责任意识教育，激发学生的强烈社会责任意识，从而形成崇高的社会责任品质，并且转化为忠于职守、奉献社会、强化自我的外化行为。就道德与法治课程中的社会责任意识教育具体内涵来看，主要包括以下内容：

（一）面向学生

道德与法治课程中的社会责任意识教育对象是学生。学生特指在我国初级中学接受义务教育的学生，属于青年早期。一方面，学生的身体机能发育快，是身体发育的关键时期。另一方面，学生的心理也发生着急剧变化。他们的自我意识逐渐增强，然而其情绪情感并不稳定，受外界影响较大。社会责任意识教育面向的群体是学生，使学生根据自身实际情况与社会发展需要，能够判断个人对自我、他人、集体和国家发展等应负的社会责任意识，在情感上认同、接受社会责任，在实际行动中自觉履行社会责任。

（二）借助道德与法治课程

道德与法治课程中的社会责任意识教育借助的方法是道德与法治课中，教师灵活运用教材内容，辅之以多样化的教学方法，从而培养学生对社会所具备的社会责任意识。教师要组织学生参加适当的社会实践活动，使他们在活动中认识社会、了解国情、增强社会责任感。

因此，道德与法治课程教学实际上就是教师与学生借助道德与法治课实现双向互动，构建社会责任意识教育的核心平台，以先进的教育理念引领学生进行道德品质与法治教育的求知过程，在这一过程中充分发挥道德与法治课的优势，使学生在长期的教育教化中提高自身的适应能力，培养其终身受用的关键能力与必备品格。

(三)提升学生的社会责任意识

道德与法治课程中社会责任意识教育的目标是提升学生的社会责任意识,培养学生的崇高、时代化的社会责任品质。教师在课堂中开展社会责任意识教育时,应明确社会责任意识的价值并将知识点深化拓展至日常生活中,使每个学生都认识到个人对社会负有责任,社会责任是内在的自由选择。

提高学生的社会责任意识,还要让学生明确意识到:承担社会责任并非少数人或少数精英的专属;每个人都是社会责任的行为主体,且对社会负责体现在切实的日常生活中。

三、道德与法治课程中的社会责任意识教育的重要性

道德与法治课程作为学校品德教育的核心基地,理应肩负起培养学生社会责任意识的重任。同时,道德与法治课程的教材中包含了大量关于学生社会责任意识教育的理论内容,为具体的道德与法治课教学指明了方向。

(一)落实立德树人的现实需要

新时期,党和国家在人才培养工作中越发重视开展学生的社会责任意识教育。教育应当坚持立德树人,对受教育者加强社会主义核心价值观教育,增强受教育者的社会责任感。社会责任意识教育在学校实现"立德树人"的任务中扮演着举足轻重的角色。

在新时代的道德与法治课程中开展社会责任意识教育,有利于从根本上贯彻落实"立德树人"这一任务。努力使学生的社会责任意识得到重视、发展,让学生怀揣着高度的社会责任意识踏上各自的人生旅程,敬畏规则、承担义务、奉献社会。开展社会责任意识教育有利于培养新时代合格的社会公民,是落实立德树人根本任务的现实需要。

(二)引领学生健康成长的客观要求

学生的成长受到经济发展带来的生活优越化和全球化的冲击,易受到不良诱惑的影响而迷失方向。只有高度重视开展道德与法治课程中的社会责

任意识教育，才能使学生在漫长的成长旅程中做出正确的决定。

教师加强学生道德与法治课中的社会责任意识教育，是推进学生成为中流砥柱的重要支撑。每个学生都是无法脱离社会而独立生存和发展的，更不可能实现造就伟业。学生勇于承担社会责任，增强自己的信心，能促进自己的成长和发展。

学生只有意识到自己的责任，才能拥有源源不断的动力，去实现自身的社会价值，健康成长。

(三) 促进学生担当使命的重要支撑

每个新时代的学生都必须为家庭、为社会、为民族、为国家负责，做到认真勤奋、友爱奉献。中华的民族英雄，乃至今日的时代楷模，都是具备高度的社会责任意识，从而发挥自身的价值，孜孜不倦为国家民族繁荣富强贡献力量的社会责任人。每个学生在国家的大舞台中必定扮演着不同的角色，也必定承担着不同的社会责任。

一个学生只有树立社会责任意识，才能将个人前途与国家发展紧密相连，自觉承担起实现中华民族伟大复兴的历史使命。因此，在道德与法治课程中，教师应紧密结合学生的实际，对其进行社会责任意识教育，使学生树立社会责任意识观念，力所能及地为社会贡献力量。

四、道德与法治课程中的社会责任意识教育路径

(一) 加强教师队伍建设

教师担负起教书育人的责任以及助力中国梦实现的使命。负责道德与法治课程的教师应培养自身的社会责任意识，积极发现教材中的教育要素，贯彻立德树人的教学理念、树立高度的社会责任意识、坚持学生的主体地位、提升育人的综合技能。

1. 贯彻立德树人的教学理念

立德是指树立品德，德行是一个人立品处世的前提要素。全面贯彻党的教育方针，落实立德树人根本任务，发展素质教育，推进教育公平，培养德、智、体、美、劳全面发展的社会主义建设者和接班人。

在道德与法治课程中，教师应贯彻立德树人的理念，立德修身，启迪后人。不仅应提高自己的品德言行，而且应尽自己的努力教育学生。例如为了让学生树立自我保护意识，增强对自己负责的意识，可组织一次调查活动。活动中以组为单位，汇集日常生活中对自己不负责的资料。课堂期间选派小组发言，通过把汇集到的案例列举出来，共同探究存在的风险现象，从而培养对自己负责的社会责任意识。在问题的层层引导下，深化学生学会爱护自己的责任意识。在问题的层层引导下，引导学生树立爱护自己的责任意识，尊重学生并用温和亲切的教育方式，走进学生的内心世界，进而促进学生的健康协调发展，最终收到良好的教育效果。

2. 树立高度的社会责任意识

负责道德与法治课程的教师以道德与法治课程的教学为主阵地，巩固社会责任意识教育，以陶冶教化为着力点，从而激发学生社会责任意识的形成。在道德法治课程中的社会责任意识教学中，教师必须明确知晓责任、尽心负起责任。

始终树立正确的社会责任意识，克服长期教学工作中出现的职业倦怠现象，以积极的工作态度对待学生。道德与法治课程教师在每天所做的极其平凡的工作之中，谨记对学生负责、对其家长负责、对社会负责、对国家负责，自始至终做到以身作则，为顺利开展学生的社会责任意识教育树立良好的行为典范。

3. 坚持学生的主体地位

在道德与法治课程中，教师的教是为了学生的学，学生自身才是他们自己学习进步的正主。因此，在道德与法治课程中，教师所展开的一切教学活动都是围绕着学生而开展的，竭力把学生教育成为具有高度社会责任意识的社会主义接班人。

只有激发学生自身的学习兴趣，才能使其自主地学习，从而有助于学生掌握知识技能。比如在道德与法治课中，教师可以让学生开展小组讨论。学生在讨论的过程中，需要不断地思考、交流，会考虑自身要担负的在社会现实环境中的社会责任。讨论结束后，不同小组代表的发言，又会给学生新的启发，大大增强教学效果。因此，在道德与法治课程中社会责任意识教学的过程中，教师必须坚持学生的教育主体地位；若缺少学生自身的独立思考和积极互动,是无法提高学生社会责任意识的。

充分发挥学生的主体作用,内容如下:

(1)提高学生的自我认识能力。拥有责任认知,才能将其内化为责任行为,这就要求学生了解社会责任感内涵,拥有坚定的理想信念,注重理论知识的学习,提高社会责任的认知。社会责任感不仅拥有客观性,更具有主观选择性,这就要求学生明确自身应当承担的责任。作为学生,其努力学习科学文化知识,努力提高自身的技能,是其应当承担的责任;作为子女,其孝敬父母,尊老爱幼,是其应当承担的责任;作为公民,其遵纪守法,维护社会和谐稳定,是其应当承担的责任;作为国家的一分子,其为国家繁荣昌盛而努力,是其应当承担的责任。

社会责任感拥有自律性及规约性,这要求学生充分认识相关理论具备的时代价值及时代意义,以优秀的责任理论规范自身的行为,以便增强自身的社会责任认知,实现个人、集体、社会三者之间关系的和谐发展。

(2)提高学生的自我控制能力。拥有责任情感,才能促使学生承担更多的社会责任,为社会的发展作出贡献。学生应对自身的社会责任情感进行调节,以理智控制情感冲动,克服逃避心理,即便在无人监督的情况下,也能自觉地做出符合社会道德规范的行为。当个人利益需求与集体利益需求存在明显冲突时,学生可以自觉地维护集体利益,为集体利益做出牺牲;当长远利益需求与眼前利益需求存在明显冲突时,学生可以自觉地维护长远利益;当个人价值需求与社会价值需求存在明显冲突时,学生可以自觉地维护社会价值需求,实现社会价值与个人价值的统一。另外,学生还要进行自我监督,拥有较强的责任意识,主动承担社会责任。

(3)提高学生的自我管理能力。拥有较强的自我管理能力,才能保证责任行为的实施。加强自我管理是增强学生社会责任感的关键环节。学生自我管理就是充分发挥主观能动性,对自身的思想、目标、行为等进行约束。具体来说,应从以下方面入手:

①提高自我控制能力。在日常生活学习中,学生要学会控制和约束自己的言行,及时改正自身错误的言行。

②提高自身科学文化素养。学生科学文化素养的高低不仅对其社会责任感的培育效果有影响,更会影响其自我管理的效果。科学文化素养是学生

综合素质的重要组成部分。提高学生科学文化素养，不仅可以帮助学生明确应当承担的社会责任，更是学生践行社会主义核心价值观的有效途径。

③提高自主管理能力。从法律意义上讲，大学生已经是成年人，理论上应当摆脱对父母的依赖，有意识地进行自我锻炼，自己的事情尽量自己去做，培养自己的独立自主能力。同时，学生要学会自己独立思考，凡事不能盲从，建立自信心和责任感，将自我管理作为一种内在的约束行为，进一步提高自身的社会责任感。

4. 提升育人的综合技能

在道德与法治课程中，教师理应用丰硕的学识魅力和高尚的人格魅力来陶冶学生情操，这样就强化了教师品德的理论性和实践性。教师不仅要传授知识，更要育人。

在道德与法治课程中，教师的社会责任就是要培养出活跃、生动、有责任意识的学生。同时，教师要不断增加自身的文化内涵和提高自己接受新事物的适应力，提升教师的实践力、思考力和书写力等各项综合能力。因此，在道德与法治课程中，教师不仅应具备专业的学术文化，有扎实的内涵底蕴，更应具有优良的教师品德。所以，教师要加强拓展理论能力，紧随新时代的步伐，全面提高自身的综合技能。

(二) 突出学生社会责任意识的实践转换

社会责任意识的形成和发展是逐步成熟的开始，理应不断增强社会责任意识。学生通过自我教育，将承担社会责任内化为自己的意识要求，才能真正做到有所承担。因此，夯实学生自身的综合素质是道德与法治课程中社会责任意识教育的重要基础。

1. 端正学生的自我定位

学生应该知道自己在社会生活中所扮演的角色以及所处的位置。在整个社会中，学生的身份首先是学生，是有组织归属的未成年群体。这个角色属性决定了学生的社会活动主要就是在学校教育的引导下，搞好学习和自我修养的任务。

学校教育属于社会活动中的一个独立的大的范畴，学生的主要社会活动都是在这个大范畴下进行的，树立正确的价值观，明确意识到自己身上肩负的历史使命。这种社会责任不仅仅停留在努力学习的层面,更重要的是培养一种社会责任意识。这就要求学生要自主明确自我的角色定位,在为人民服务的基础上,将个人利益与国家利益相结合,刻苦学习,扎根实践,从而促使每个学生都能自立自强、自尊自信,懂得明辨是非,热爱祖国,激发内在的社会责任意识,争取自身的可持续发展。

2. 践行社会责任意识实践的活动参与

内化是外化的基础,外化则是内化的目的。可以看出将道德与法治课程的理论落实于实践,是道德与法治课教育的最终目的。学生需要恰当的社会交际,有必要践行社会责任实践的活动,此时学生的身份是一位未成年的社会公民。积极弘扬社会健康风尚,传递社会正能量,为营造社会的优良氛围贡献自己的微薄力量。

将集体与个人的利益高度结合,积极参加一些自发的或有组织的公益活动。树立集体意识和合作观念,从小做起、从对自己负责做起。明确奉献社会的意义,从日常生活入手。同时,要热爱学习,增强自身社会责任意识和服务社会的意识,从日常生活着手,涵盖保护环境、服务大众等方面,从而树立自身高度的社会责任意识。

3. 提高学生社会责任学习的探究能力

自主探究学习强化的是一种主动探索、获取知识的过程,有助于深度发掘学生的内在爆发力。新时代的学生所面对的外界社会更加变化多端,知识体系日新月异,必须树立终身学习的观念,因此一定要掌握真学问,练就真本领,不断提高与时代发展和事业要求相适应的素质和能力。

为了贯彻落实社会责任,需要提高学生社会责任意识学习的探究能力。在道德与法治课程中,教师需要激发学生创新精神,增强其主体、社会责任意识和使命感,不仅要使学生学会知识,更要使学生勤于学习,提高自身的社会责任意识,并通过理论与实际相结合,内化于心,外化于行。

(三) 深化社会责任意识教育内容

道德与法治课程中社会责任意识教育,可以推动学生树立崇高的理想信念,是国家和社会对学生的要求。培养有高度社会责任意识的学生,要求教师准确把握道德与法治课程中社会责任意识教育的科学内涵与主要内容,为教育者和教育对象提供科学的培养指引。

1. 积极挖掘现有教材中的社会责任意识教育内容

道德与法治课程教学中所规定的教材，是严格按照课程标准编写的，涵盖了有关社会责任意识的教育题材。道德与法治课程中涉及社会责任意识的教育题材，是将典型的案例通过提炼升华后呈现给学生的，目的是更好地在课堂教学中发挥教育作用。

2. 适当补充教材外的社会责任意识教育内容

道德与法治课程中的社会责任意识教育开展过程中，时事热点是教材内容的重要补充。时事热点以其时效性、广泛性和真实性较强的特点，成为弥补教材不足的重要工具。作为思想品德课教师，要多关注时事新闻，将新闻和教材内容结合起来，这样既能够丰富课堂内容，也能够培养学生热爱祖国、关注社会的责任意识。因此教师可以利用时事热点教学，一方面符合学生的兴趣；另一方面由于时事热点的新颖性，可以加强教学的实效性。

当教师结合教学目标找到合适的热点新闻时，就可以将其拿到课堂上和学生一起进行剖析，道德与法治课教材中的一些内容，对学生来说比较抽象、空洞，理解起来有一定的难度。引导学生发现这些新闻中的正能量，会给道德与法治课程社会责任意识教学注入新的活力。因此，教师不仅要坚持与时俱进，紧密结合时政热点与社会话题，积极拓宽培养学生社会责任意识的教学内容，还要充分利用身边的教学资源，准确把握好培养学生社会责任意识的着力点，积极整合教材中关于社会责任意识的内容，使培养学生责任意识的教学内容逐渐形成体系化，不断强化学生的社会责任意识。

3. 适时添加与学生实践结合的社会责任意识教育内容

社会责任意识教育具有实践性和体验性的特点，因此需要丰富添加与学生实践相结合的社会责任意识教育的内容。加强道德与法治课程中社会责任意识教育的改革，在道德与法治课中教师应多增加实践活动内容应用于教学中，鼓励学生积累社会责任经验，自主反省自己的社会责任意识。

在道德与法治课程中，教师应积极组织如遵守社会规则的教学活动、角色扮演活动、校园反暴力讲座等。可以组织学生对恪尽职守的普通劳动人民进行采访与交谈，让学生深刻感受到每一位辛勤的劳动人民所付出的艰辛，以及他们为社会繁荣富强所贡献的社会责任力量。教师需要充分利用道德与法治课程中开展社会责任意识方面的教育，这种社会责任意识教育的效果如何，最终还是要看学生能否在日常生活中将自身的社会责任意识认知转化为相应的社会责任行为。

(四) 优化社会责任意识教学方法

积极推进道德与法治课程中的社会责任意识教育顺利开展。教师要积极丰富道德与法治课程的教学，主动组织实践活动，综合制定评价标准等，这样可以很好地开展学生的社会责任意识教育，精心引导，紧密联系生活，也能够很好地帮助学生认识到社会责任意识的重要性，是推进道德与法治课程中的社会责任意识教育改革的重要举措。

1. 多媒体教学的高效运用

在道德与法治课程中社会责任意识的教育过程中，通过巧用直观便利、高效的多媒体教学课件演示，使教学活动更具趣味性。例如教师可以组织学生观看爱国影片。通过这些感受的变化可以引申一些较为抽象的知识。观看完视频后，道德与法治课程的教师可以因势利导对学生进行提问，让学生对中国社会主义制度有更宏观的认知，对这个国家的情怀积淀起深厚的价值基础。通过观看影片可以在无形中激发学生的社会责任意识，使学生在认识生活变化的同时，认识到作为新时代的青年的社会责任所在。在观看影片、观后讨论的过程中体现了一个完整的教学过程，体现了交互性；学生积极参与，勇于知难而进，推动学生构建新的知识体系。因此，多媒体教学可以从根本上改变传统单一的教学模式，有助于刺激学生的思维，激活学生课堂学习的积极性。

2. 讨论式教学的高效运用

讨论式教学是指道德与法治课中教师在讲完一个理论知识后，突出体现了教学与思考相结合的教育方法，利用特定案例进行解释说明，促使学生对负责道德与法治课程的教师所提供的案例展开激烈的讨论，从而更好地帮助学生吸收课堂知识。

以小组为单位展开讨论式教学，是教师教书育人最常使用的方法，有利于充分发挥学生的主体作用，从而实现互助学习，共同进步。无论做何种事情，带着兴趣去完成，将会收获到意想不到的效果。因此，在道德与法治课程中的社会责任意识教学，需要深入探讨讨论式教学，并在此基础上因势利导，激发学生内心自主探索的兴趣欲望，从而有效提高学生的社会责任意识。

3. 探究式教学的高效运用

在道德与法治课程中进行社会责任意识教育时需要推进探究式教学。学生社会责任意识教育的主要任务是培养社会责任意识以及社会责任行为能力，道德与法治课教师通过探究式的教学，设置特定的教学情境，从而激发学生的兴趣，使学生主动学习有关社会责任意识的知识。

探究是指在某一学科上的研究，比如学生通过观察、调查、试验等获取信息的过程。探究式教学又称"做中学"、研究法，是指学生自觉主动地探索、观察、探究获取信息，研究客观事物的属性，主动发现事物，理解事物发展的起因和本质内在联系，从中找出一定规律，形成相关概念，最终自主完成知识的建构。探究式教学运用于社会责任意识教育，首先要厘清探究式教学的基本含义、理论基础、原则，以及运用于社会责任意识教育的必要性，然后才能在教学实践中开花结果，有所成效。

探究式教学包括教师的"教"，也包括学生的探究学习。教师的"教"是在探究式教学的过程中，教师创设轻松自然的情境，学生提出问题合作讨论、教师引导，通过学生的主动探索知识，找到解决问题的方法，最终学生自主形成知识的建构。学生的探究学习是指学生能够在发现问题的基础之上，主动与他人分析问题，通过探究的方式解决问题，强调学生自主对知识的建构。除此之外，尽管探究式教学一直强调将课堂原原本本地还给学生，让学生在知识的海洋里遨游。但在学生讨论的过程中，教师也要适当参与，由学生和教师共同发力，探究式教学法的效果才能充分展现出来。

(1) 探究式教学运用于社会责任意识教育中遵循的原则。

①启发性原则。启发是教师引导学生思考，学生在已有知识经验的基础上，能更容易掌握新知识。教师的理解和学生的理解之间存在着一定的偏差，教师思维活动和学生思维活动也不相同。因此，教师在启发学生时，要从实际出发，以学生为本，根据每位学生的不同情况，进行不同程度的启发，引导学生进行自主思考，鼓励每一位学生大胆说出自己内心的想法，从而促进学生探索能力的提高。

在探究式教学的过程中，教师要注重培养学生的创新思维能力和个人发展，尊重每一位学生，对学生在课堂中的表现进行一定的肯定，不断激发学生的学习潜能，给学生提供一个良好的学习环境。教师应注重学生的情感、态度和价值观的培养与形成，只有注重以学生为本，才能实现。

在探究式教学中，教师要把握好问题的难度，要涉及班级中至少三种程度的学生，成绩好的、成绩中等的以及成绩较差的学生，要顾及三个层次进行启发。同时，设置问题时一定要注意问题之间的内在关联性，这样有益于学生的知识建构。

②主体性原则。探究式教学的核心是让学生自主建构知识，学习知识的权利属于学生。每一位学生都是一个独立的主体，把学生培养成工厂中制造出来的复制品很容易，但尊重每一位学生的个体差异性就不容易做到。

在探究式教学中，要充分发挥学生的自主性，通过学生与学生、教师之间的探索和讨论得出答案。在探究式教学的过程中一定要让学生感受到自己在课堂中的参与，这种参与能够激发学生对本堂课学习的兴趣，从而也能调动学生学习的主动性。

在探究式教学中，要注意不能受传统教学模式的影响。如果在起始阶段是开放的，到后期教师为了想得到书中或者专家的答案而终止探究式教学，那么学生的主动性就会降低。自主性是指学生在课堂中提出自己的见解、看法、观点，主动参与到课堂之中来掌握本节课的知识点，在整个过程中凸显学生的主体性。

③指导性原则。探究式教学的本质是学生主动构建知识。当学生在探索的过程中遇到困惑时，教师要进行一定的指导，这在探究式教学中是必不可少的。学生在运用探究式教学前，教师为学生创设轻松自然的环境，使学生感到有信心自主解决问题。在探究式教学的过程中，可以由教师提出探究问题，也可以由学生提出探究问题。如果是学生主动提出探究问题，可以更加激起学生的学习兴趣。展开学生、小组间的讨论，教师进行引导，最终得出结论，进行展示。

学生随着身心发展的变化，在情感和思想方面需要教师的理解与尊重，他们希望教师能从内心认同他们和关注他们。因此，在探究式教学中，教师应该充分尊重学生。当学生看到教师重视他们时会认同教师，便于教师进行有意义的指导，使学生更加积极地进行探究。教师在指导学生时，应开发学生的学习潜能，鼓励他们独立思考、进行探索，根据探究去解决相关问题。教师应注意的是，在探究式教学的过程中，每一个环节教师都应注重引导，使学生在每一个环节中都能将知识点进行升华。

④合作性原则。在课堂中由于时间受限，学生要想在规定的时间内完成对知识的建构，就需要师生、生生之间合作交流和讨论。因此，在探究式教学中不仅要靠内力的作用，也要靠外力的协助。师生之间、生生之间，在合作的过程中取长补短、相互促进，最终达到教学相长的效果。当然，教师在此过程中需要充分肯定学生、启发引导，构成良好的合作环境。

学生在探究式学习的过程中，因为主体差异性，会根据自己的兴趣点与他人碰撞出思想的火花，通过交流与沟通加深对问题的探讨，在此过程中学生可能会质疑他人的观点，因此需要生生之间深入讨论合作得出答案。在交流的过程中，生生之间互换学习观点、交流心得，不仅能够培养学生的交往能力，更能激发学生主动学习，在班级中也能形成良好的学习氛围。

在师生关系方面，教师和学生的交流也是极为重要的，因为教师和学生间的交流不像是生生之间的，教师在整个过程中更多的是扮演引导者的角色。在讨论中如果探究的问题方向偏离，教师可以及时纠正，同时要注意的是交流一定是师生之间的，是平等的。

(2) 探究式教学运用于社会责任意识教育的必要性。

①培养学生自主学习能力的必然要求。"自主"是指在教学过程中学生是主体，通过学生主动学习并且参与实践的相关活动的状态。学生具备自主学习能力时会形成强烈的求知欲，根据实践有效合理安排学习活动，具备认真钻研的精神，同时能对自己的学习进行科学合理的评价。凭借所形成的自主学习能力，学生不再是被动的知识接受者，而是善于用科学方法自主探索、敢于质疑、个性得到充分的发展，成为学习的主人。一般来说，自主学习分为：提前预习，使学生形成良好的预习习惯；课后及时复习，不断加深学习，广泛使用学习资料。

在探究式教学中，主张学生主动学习，积极与他人之间进行探索、合作与讨论，通过真实自然的环境获得知识的建构，这不仅培养了学生学习的积极性、提高了学生的学习兴趣，同时提高了学生的自主学习能力。无论是在学生提出问题的过程中还是在和同学之间的讨论过程中，都表明学生的主动学习和主动思考；学生不仅掌握了知识，也具备了自主学习能力。探究式教学通过灵活、开放、以学生为主体的形式，能够弥补传统教学法的一些局限。

采用探究式教学，不仅丰富了教学形式，也使学生在学习的过程中创新思维、积极思考，从容应对考试。探究式教学强调主动思考、培养问题意识，通过与教师、学生的不断交流和讨论建构知识，激发学生在学习方面的学习热情，不断提高学生的自主学习能力、独立思考能力。学生通过在学习的过程中思考交流解决问题，注重在学习过程中形成良好的学习习惯，不断使学习能力得到可持续发展，培养创造力和观察力。因此，探究式教学运用到社会责任意识教育中是重要的。

②落实学科核心素养促进学生全面发展的要求。社会责任意识教育要关注学科核心素养的培养，着眼于学生的真实生活和长远发展，使理论观点与生活经验有机结合，让学生在社会实践活动的历练中、在自主辨析的思考中感悟真理的力量，自觉践行社会主义核心价值观。学科核心素养的培育至关重要，立足"真实生活和长远发展"能够让学生从社会责任意识教育中学有所用，使学生更加适应社会。

在探究式教学中，能够充分展现学生的自主性、创造性。在探究的过程中学生自主形成对知识的建构，契合了学科核心素养的要求。传统的教育观念及教学方法在一定程度上没有将学科核心素养践行，而探究式教学在明确核心素养的前提下进行探究，能够使学生得到全面发展。因此，探究式教学运用到社会责任意识教育中是有必要的。

③提高社会责任意识教育实效性的重要条件。社会责任意识教育不仅要落实"立德树人的根本任务"，还要发展"素质教育"。我们不再需要重理论而轻应用的人才。理论知识只要是通过机械训练每一个人都可以获取，但素质教育的推进和应用型人才的培养，需要教育者加大课程改革力度，进行有效教育才能得以实现。

在社会责任意识教育中，从意识形态方面来看，教师要引导学生树立正确的世界观、人生观、价值观，将社会主义核心价值观落实到日常的行动之中，不断在落细、落小、落实上努力下功夫，始终毫不动摇地坚持习近平新时代中国特色社会主义思想为指导。把这些内化到学生的知识体系中并获得实效性，教师要在教学法上进行改进、在教学设计上有所优化才能实现。而探究式教学法可以通过合理、开放的教学过程取得实效性。从学生心理层面来讲，随着学生身心发展规律的变化，教学法要贴近学生的思想、贴近生活实际，让学生由被动变为主动，将探究式教学法应用在社会责任意识教育中，使学生在掌握理论知识的同时学会学习和思考的技能。因此，采用探究式教学法是必要的。

思想教师所要做的是在学生意识形态方面不断加以引导，帮助学生形成正确的世界观、人生观、价值观，最终更能适应社会。把探究式教学法融入社会责任意识教育中不仅能合理展现教学内容，也能反映价值观的传输，因此是社会责任意识教育的必然选择。

总之，探究式教学与道德与法治课程教材的编排思路高度契合；在道德与法治课程中开展社会责任意识教育，运用探究式教学具有很大的便利和优势。因此，教师必须在道德与法治课程的社会责任意识教育过程中，将教师的引导与学生的探索紧密结合，构建良好的师生互动教学。坚持既不听之任之，也不过多干涉。

4. 拓展合作式教学

合作式教学应该是指根据课程的教学目标和时代要求，以教师为主导，学生为主体，教师组织学生以小组为单位协同完成目标任务的教学组织形式。

合作式教学运用于社会责任意识教育的具体操作如下。

(1) 课前准备预建合作。课前准备预建合作包括：①根据课堂的教学目标，创设优质的合作活动；②创建合作式的教学小组，将学生混合编组，使成员之间能够优势互补，力求保证小组构建的科学性；③选拔并培养小组长，因为组长是小组具有凝聚力的关键核心人。

(2) 创设情境，设置疑问。根据教学内容和学生的实际情况制订阶段性的教学计划，以此发挥出合作式教学的最大价值。训练学生思维的开阔性；尝试角度思考，开发学生思维的灵活性；设计质疑性问题，训练学生思维的原创性；设计升华性问题，训练学生思维的延展性。

(3) 交流释疑提升合作。组内合作时小组的组长应该充分调动组内成员的积极性和主动性。在实际讨论环节，学生需要根据自己的思考发表对该问题的意见和看法，并将自己感兴趣的部分做笔记，以此解决本堂课教师提出的问题，然后由组长将组内的讨论结果展示给教师。

(4) 点拨指导总结评价。教师需要掌握好"刚性"与"弹性"之间的应用效果，使两种指标保持一种平衡的状态。

总之，小组合作探究是高效的教学方法之一，尤其是在道德与法治课程社会责任意识教学中，更应积极拓展使用合作式教学。学生通过小组合作学习，学会团体合作，有助于培养学生的竞争意识与能力，有助于道德与法治课程开展社会责任意识教育。教师通过教学，促进每个学生均衡发展，有助于提高学生自身的社会责任意识。

（五）丰富社会责任意识教育评价方式

在道德与法治课程中，教师依据课堂教学的现状及时给予适当的评价，从而激起学生内在向上的动机。在道德与法治课程中社会责任意识教育的过程中，教师评价的对象可以是学生注意力的集中程度、遵守课堂纪律的状态以及学生的作业完成优劣水平。教师评价的目的是指引学生在课堂吸收知识的过程中扬长避短。因此，在道德与法治课程中，教师在开展社会责任意识教育的过程中应综合运用评价方式。

1. 重视评价方式的导向作用

在道德与法治课程中，教师必须认识到在社会责任意识教育的过程中评价功能的重要性，根据学生的实际情况和需要，科学认知评价方式的导向作用，全面综合评价学生的学习成果，从而更加高效地让学生在掌握相关的社会责任意识知识的同时，切实转化为学生自身的社会责任意识的外化行为。通过科学认知评价方式，在道德与法治课程中开展社会责任意识教育。在对学生的社会责任意识教育评价方面，对于知识与技能目标、过程与方法目标的实现使用终结性评价，对于情感、态度、价值观目标的实现使用形成性评价，将终结性评价与形成性评价有机结合，促进学生的全面发展与进步，从而进一步推动素质教育的发展。

2. 丰富评价的指标参数

在评价体系中，强调培养目标和评价内容的多元化，不仅包括基础知识和基本技能，还包括情感、态度与价值观、学习过程与学习方法。在教学评价的设计中，需要系丰富评价的指标参数。

在道德与法治课程中，教师在开展社会责任意识教育的过程中，应把握社会责任意识教育培养的目标和要求，同时依据道德与法治课程上完成任务的实际情况，如学生在道德法治课取得的理论分数、学生道德践行次数、教师道德认可度等都是指标参数的重要组成部分。并在此基础上评价学生的社会责任意识的发展情况，结合具体教学情境展示学生的社会责任意识发展的价值。

在道德与法治课程中开展社会责任意识教育，要想实现系统丰富评价的指标参数，还需要借助学生的核心素养发展，探究道德与法治学科教育的内在意义，分析道德与法治课程中社会责任意识教育存在的问题，依据学生评价结果进行科学数据分析，并在此基础上引导学生树立高度的社会责任意识，从而达到自觉规范自身行为的效果。

3. 精准把握评价过程

在道德与法治课程中，教师如果要着眼于实现客观性更强的学生有关社会责任意识教育的科学评价，则必须精准把握评价过程。这需要教师能够在评价的过程中紧密结合多样化的评价模式或者评价手段。

实现学生自评、学生互评、家长参评、师生互评相结合的多元性评价，以增进评价者与被评价者之间的沟通、了解，更好地促进学生自我反思、自我发展。在道德与法治课程中开展社会责任意识教育就应在评价的过程中坚决做到：课堂评价要及时、具体和准确；对于学生的评价要结合肯定性和鼓励性；无论是对班上全体同学或者是小组、个别学生，都力图公平公正；应理性客观科学综合运用评价方式，注重可行性和实效性，戒除繁杂，紧密结合科学化的评价模式或者评价手段。所以，教师在开展社会责任意识教育的过程中应精准把握评价过程，从而在此基础上合理推进有效评价。

第三节 道德与法治课程中学生法治意识的培育

一、法治意识培育的核心内容

"法治意识是法律意识的最高形态,是人们对法现象的观念、心态认知和对社会法制体系认同的主动性的统一意识。"法治意识作为一种社会意识,与我们的生活密不可分,反作用于社会存在,具有一定的主动性。具体表现在人们对法律法规的认同和维护以及自觉产生的情感主观倾向。

学生法治意识可以理解为帮助学生学会知法守法用法,明确法律与我们紧密相关。学会法律知识,树立法治意识。这就要求我们既要做法律规定范围之内的事情,又要学会拿起法律武器保护自身合法权益不受侵害,努力做社会主义法治的维护者、捍卫者。

将立德树人目标落到实处,培养学生的法治意识。在道德与法治课程中体现习近平新时代中国特色社会主义思想能够将立德树人目标落到实处,使中学生的法治观念深入人心,进而为推进全面依法治国、建设法治国家打下坚实的基础。

1. 培育学生尊法意识

培育学生的尊法意识,主要是引导学生尊重法律权威。法律制度的健全离不开人们对法律的尊重和敬畏。

2. 培育学生学法意识

培育学生的学法意识,就是让学生明确法律,以此约束学生自身的思想与活动,从而预防学生犯罪,降低学生犯罪率。随着科技的发展,网络的应用已经非常普遍,公民可以通过网络发表言论,但是言论自由并不是绝对自由。因此,在培育学生的学法意识中还应让学生了解我国颁布的现行法律。

3. 培育学生守法意识

守法意识,是公民对法律行为的思想、观点以及心理的总称。培育学生的守法意识,教师可以联系学生的生活实际,让学生明确违法的后果,引导学生树立正确的价值观念,敬畏法律。另外,教师可以在道德与法治课程中充分利用多媒体向学生展示违法犯罪的危害及后果。网上关于青少年犯罪的案例有很多，特别要关注本地的案例，这种案例更贴近学生的生活，会起到更好的警醒作用。

4.培育学生用法意识

学生用法意识的强弱，关乎学生在面临具有威胁性的违法行为时是否会拿起法律的武器维护自己的合法权益。培育学生的守法意识，就要求教师在道德与法治课程中传授法律理论知识的同时，还应适当地组织法治教育实践活动，让学生真正学会用法。

二、道德与法治课程中的法治意识培养意义

法治意识教育不仅是实施素质教育的重要内容，也是培养法治人才的重要途径之一。学生法治意识的提高对我国社会主义的发展有积极的促进作用。

(一)有利于学生更好地维护自身权益

学生维权就是指当学生权益受到侵害时能够拿起法律武器保护自身合法权益，这也是学生应该具备的一项基本技能。为了维护自己的权益，学生需要不断提高防范意识和树立法律意识，在保障自身安全的前提下，面对侵权行为发生时能够勇敢地说"不"，学会用法律保护自身合法权益，敢于并善于同违法行为做斗争。所以，加强对学生的法治教育，从小培养学生遵纪守法、依法办事的意识，使学生明确同违法犯罪行为作斗争既是公民权利也是公民义务，从而强化学生的维权意识和能力，维护自身合法权益。

(二)有利于推进道德与法治课程发展

法治意识是道德与法治内容中较为重要的组成部分。在道德与法治课中，对学生进行法治意识的引导和培养不但能够增强学生对于法治的认知和理解，而且能够不断激发学生的法律信念，培养学生全面发展。要想实现学生的全面发展就对道德法治教师提出了更高的要求，要求教师在教育教学过程中不断转变思想教学观念，通过与学生的实践互动，将法治知识内化为学生的法治思想，进而外化为学生的法治实践，不断培养学生的法治意识和能力。所以，对学生法治意识的培养有利于学生树立法治意识，进而推进法治

化进程。

（三）有利于我国社会主义法治国家的建设

依法治国，就是依照法律规定通过各种途径和形式管理国家事务、管理经济文化事业、管理社会事务，保证国家各项工作都依法进行，逐步实现社会主义民主的制度化、法律化，这种制度和法律不因领导人的看法和注意力的改变而改变。

为了提高国民素质，加快社会主义现代化步伐，对中国特色社会主义事业的建设者和接班人的中学生来说，他们法律意识高低和整体素质的好坏决定着整个国家和民族的发展，影响着我国法治国家的建设步伐和依法治理。

提升学生法律素质对我国建设社会主义法治国家起着积极的推动作用。建设社会主义法治国家，需要我们全体社会成员共同努力、相互配合。法律只有被广大人民群众接受并且信奉，才能体现出法律的价值所在；否则，就如同虚设，没有任何实际效用。只有大家对法律有了归属感和信仰，打心底认可法律，建设社会主义法治国家才能指日可待。学生是国家的未来和希望，是建设国家的先锋队和主力军；他们能够学法懂法，把用法作为一种行为习惯，不断拓宽法律知识，强化他们的法律意识，能够直接影响我国的社会主义法治国家的建设。

三、道德与法治课程中的法治意识培养策略

（一）设置准确的教学目标

1. 制定明确可行的法治教学目标

课程三维目标是指知识目标、能力目标以及情感态度价值观目标。三维目标的实现对学生实施素质教育、促进学生的全面和谐发展起着重要作用。目前，课程目标的发展已经经历了三个阶段，即从基础知识、基本技能到三维教学目标。如今学科核心素养的每一次变革都与学生发展相结合，更具时代性，不仅重视学生对于知识的把握，更重视学生情感价值观的养成和品德的形成。

道德与法治课程的教学目标除了要求学生掌握系统的法治知识，更重视学生具备法治思维、提高学生的法治能力，进而培养学生的法治意识。

教师要设置法治教学情景，明确情感态度价值观目标，将教材中枯燥的知识点和情境结合起来加深学生对法治知识的理解，从而将法治知识内化成对法治的信仰，形成法治意识。

教师要明确能力目标，培养学生的法治思维能力、分析解决问题能力以及在实际生活中维护自身权益的能力，做到知行统一。

教师要明确知识目标，就是要掌握最基本的法治知识，了解法治的基本含义特点、一些法律法规等。教师在讲授法治知识时要结合学生的实际情况，以学生能接受的方式展开教学。因此，教师在备课时一定要制定明确的教学目标，将法治意识融入三维目标中，强化学生的法治意识。

2. 坚持三维目标一体化

三维目标是一个目标的三个不同方面，三者不能割裂开来，而是一个有机整体。教师重视三维目标，将其放在重要位置，有利于促进学生全面发展。由于道德法治课的特殊性，情感态度价值观应该放在中心位置，是最重要的。教师要根据课程目标，结合学生的实际情况，结合教材具体内容，科学制定教学目标。以情感、态度与价值观目标为"纲"，激发法治情感；以过程与方法目标为"法"，增强用法能力；以知识与能力目标为"本"，形成法治认知，手牵主线三维并进。

（二）整合教材资源

1. 充分挖掘教材中的法治资源

教材作为教师教学的工具，是最主要的课程资源，也是第一手资源。

教师要做到的是熟悉教材，认真研读教材，充分挖掘教材中已有的法治资源。

教师要和学生共同分析探讨案例，既能熟悉法治知识，也能将法治知识和实际结合。案例作为教材的补充资源，能够起到较好的教学效果。

教师要不断更新自身知识储备，了解国内外法治新闻，看普法节目，关注法治热点话题，等等；还要及时和学生沟通，共同进步，拓展教材内容，充分发挥教师主导、学生主体的作用。

在道德与法治课堂中，要多设计一些互动环节，使学生在活跃中掌握法治知识。教师也要根据时代要求、国家法治要求、学生身心发展特点等对教材进行适当的补充或者调整，及时删掉不合时代的内容，补充一些时政热点知识、与学生实际生活密切相关的案例等，使学生对法治有新的认识，不再觉得法治是遥不可及的，而觉得法治是与我们每个人的生活都息息相关的，进而意识到法治的重要意义，帮助学生提高知法懂法守法能力，培养学生的法治意识和法治情感。

2. 补充教材外的法治资源

在道德与法治课程教材中，教师要适当补充教材之外的法治资源。这就要求教师在日常生活中关注法治热点新闻，把时政热点和教学知识点密切融合，增加时效性。这样，学生就不会觉得法治课程枯燥无味，进而产生对法治的兴趣，也能够加深学生对于法治的理解。

教师要鼓励学生看一些具有代表性的法治节目，这会使学生受益匪浅。还有一些普法网站，比如青少年普法网等，里边所涉及的内容多是教材中没有的，可以作为课外补充资源。网站的内容要与学生的生活紧密相关，涉及一些与他们生活相近的实际案例，这样更能够增强学生的情感共鸣。在网络平台上一些与法治知识相关的趣味游戏、知识竞猜或是一些与法治相关的真实案例，让学生就此实例发表自己的想法。通过学生的反馈，教师可以了解到学生对法治知识的掌握情况，进而对学生展开有针对性的指导教育，不断提升学生的法治意识。实际上，对学生法治意识的培养是一个漫长的过程，需要不断充实学生的法治视野和法治知识，培养学生树立遇到问题拿起法律武器保护自己的意识，进而提高对法律的实操能力。

（三）优化法治教学方法

1. 情境教学法的运用

情景教学法是教师根据教材内容并结合学生心理特点，创设良好的法治环境，学生通过法治情境的熏陶感染，从而感受到法治学习的快乐。所以，教师作为课堂主导者，要为学生创设良好的法治情境，有利于学生在潜移默化中学到法治知识，也有利于学生法治思维的形成，进而培养学生的法治意识。

教师运用贴近学生实际生活的情景案例，可以增加学生的法治情感体验，让学生感受到其实法治就在我们身边，并不遥远。这样，当再次面对类似的违法事件时，学生就能够迅速做出反应，防止权益受到侵害。情景教学法能够为学生营造好的法治氛围，激发学生学法的积极性，起到寓教于乐的作用，活跃课堂气氛的同时达到了提升学生法治意识的目的。

2.案例教学法的运用

案例教学法就是根据一些实际发生的具体案例引发学生的思考，进而分析总结出与教材相关知识点，目的是通过真实案例来加强学生对于知识点的理解。

教师通过案例培养学生自主合作探究能力。通过案例教学不仅便于学生对知识的掌握，也能够使学生养成自主探究的能力，有利于学生法治情感的强化。案例教学主要包括前期的准备工作、学生自主思考、小组合作学习、成员之间互相分享观点、教师做总结性发言几个环节，贯彻了"教师主导，学生主体"的发展理念。学生自主思考有利于锻炼学生的思维能力、发现问题能力以及观察能力；小组合作学习有利于锻炼学生的沟通能力，增强学生集体意识；成员之间分享观点，可以锻炼学生的表达能力、语言组织能力，当不同观点进行碰撞时学生思维反应能力也在无形中得到提高；教师的总结性发言，能够使学生明白自己的不足、存在的问题，有利于学生朝着正确的方向发展，法治意识也能够得到提升。

（四）完善法治教学评价体系

1.实现评价主体多元化

随着教育改革的不断深化，教育过程要体现学生的主体地位，积极参与到法治教学评价之中。学生要学会自我评价，在评价过程中要学会反思，反思可取之处、反思不足之处。但由于学生自评具有一定的主观性，因此需要引入同伴互评，家长参与评价，这样评价既具有客观性，也更加全面。

教师要协调好法治评价的各种资源，使教师、学生、家长都能参与法治教育评价体系中，保证教学评价主体的多元化，自觉参与到法治评价中来。值得注意的是，法治教育评价的主体不同，评价的内容方式也不同。就教师而言，评价主要是针对法治教育教学方式、法治教学目标的实现、法治教育内容的成效等；就学生而言，法治教学评价主要强调的是学生对于法治知识点的掌握情况，以及是否具备法治能力、法治情感等，也就是三维目标的实现程度。无论是评价主体还是被评价主体，对于法治评价的内容都要坚持科学性和客观性原则，不能掺杂任何个人情感，不能因为个人原因导致整个评价结果的信度降低。因此要客观地多方参与评价，实现评价主体多元化。

2. 实现教学评价多样化

深化教育体制改革，健全立德树人落实机制，从根本上解决教育评价指挥棒问题。采取多样化的评价方式，从多方面多角度对学生进行评价，对促进学生全面发展起到积极作用。

评价方式多种多样，包括激励性评价、延时性评价、观察评价等。但是不管哪一种评价，都要根据学生的具体实际，采用利于学生发展的评价方式，不能盲目效仿，不能随意乱用，否则会取得适得其反的效果。另外，在评价的过程中，不能只关注法治评价结果。比起结果，评价过程中能够促进学生发展进步的部分更为重要。评价是为了帮助学生更好地发现自己的优势与不足，促进学生法治意识的发展，而不单是甄别选拔，所以要真正做到评价方式多样化。要采取多样化的评价方式，有效进行法治教育评价，学生的法治意识养成就会取得好的效果。

道德与法治课中教学目标、教学内容、教学方式以及教学评价四个维度阐释了提高道德与法治课程教学中学生法治意识的具体对策。教学目标层面从课前要制定明确可行的法治教学目标，道德与法治课中要坚持三维目标一体化两方面分析；教学内容主要从充分挖掘教材中的法治资源，补充教材外的法治资源分析；教学方法主要从情景教学法、案例教学法以及榜样教学法三方面分析；教学评价从多方参与评价，实现评价主体多元化；采取多种评价方式，实现教学评价多样化，提出道德与法治课程教学中学生法治意识培养对策。

结 束 语

　　本书对思想教育工作管理与实践研究进行了探究与分析，系统地阐述了思想教育工作的基础内容、思想教育教学工具、思想教育课程管理、思想教育工作保障等内容。探究了新时代思想教育的目的、任务、现状及问题，分析了思想教育工作实践开展的情况，详细论述了信息化社会、学校、家庭共同教育的方式。

　　新时代要求思想教育工作要更加注重创新性和科学性。传统的思想教育方式和方法已经难以满足现代社会的需求，因此，思想教育工作需要不断探索新的载体、形式和内容，以更加生动、有趣的方式吸引学生的注意力，提高教育效果。同时，还需要关注未来社会的发展趋势和变化，提前预见和应对可能出现的新问题和新挑战。

参考文献

[1] 范翠莲，李春风，边黎明．思想政治教育与实践[M]．北京：九州出版社，2018．

[2] 高秀萍．基础教育阶段学科教学课程思政的探究[M]．沈阳：东北大学出版社，2021．

[3] 佘远富，魏吉华．思想政治理论课教学与研究[M]．北京：社会科学文献出版社，2023．

[4] 王凯旋．大学生价值观教育载体研究[M]．南昌：江西高校出版社，2022．

[5] 杨晓阳．新媒体背景下高校思想政治教育创新研究[M]．延吉：延边大学出版社，2017．

[6] 陈琼珍．优秀传统文化在小学道德与法治课堂教学中的融合探究[J]．学周刊，2023（27）：130-132．

[7] 崔玉娴．基于生活教育思想的小学道德与法治教学实践[J]．成才，2023（19）：41．

[8] 丁中杰．思想政治教育问题导向与目的导向辩证关系研究[D]．大庆：东北石油大学，2022：13-36．

[9] 郭茹霞．新时期大学生思想政治教育公共空间的现代转向研究[D]．

太原：太原理工大学，2022：1.

[10] 贺新向. 主导家校社协同共育：学校的责任与担当[J]. 教育科学论坛，2024(04)：1.

[11] 胡兵. 思想政治教育公共空间及其建设研究[D]. 南京：南京邮电大学，2022：13-37.

[12] 胡凯. 思想政治教育生活化研究[D]. 上海：复旦大学，2007：10-18，28-38.

[13] 胡赟，顾任飞. 基于综合实践活动视角的小学劳动教育探索[J]. 教师，2023(17)：18-20.

[14] 黄伟. 新课标指引下的小学德育工作思路[J]. 华人时刊(校长)，2022(06)：80-81.

[15] 黄兴. 以学为中心的小学数学课堂建构策略探究[J]. 新教师，2023(11)：53-54.

[16] 康靖. "互联网+"背景下小学家校共育策略研究[J]. 中小学电教，2024(Z1)：128.

[17] 李爱国. 以学为中心，重塑课堂教学生态[J]. 小学教学参考，2024(03)：96-98.

[18] 李慧玲. 我国小学教育研究70年：主题、方法和层面[J]. 重庆开放大学学报，2022，34(02)：28-39.

[19] 李晓鸥，苗园园. 工匠精神融入大学生思想教育工作路径[J]. 交通企业管理，2024，39(01)：97.

[20] 刘丹丹. 综合实践活动课主题设计实施的策略[J]. 中国多媒体与网

络教学学报（下旬刊），2021(08)：35-36.

[21] 刘晶.思想政治教育过程中心理疏导的发展走向探析[J].吉林教育，2021(14)：26-27.

[22] 刘莎.小学培育社会主义核心价值观的主题教育实施路径[J].基础教育论坛，2022(26)：36-38.

[23] 刘祎凝.推进大学生思想政治教育生活化的价值意蕴与实践路径[J].四川职业技术学院学报，2023，33(05)：66.

[24] 罗典文.新时代思想政治教育创新发展的路径探析[N].宁夏日报，2023-09-17(004).

[25] 吕明青.信息化环境下小学数学课堂教学策略创新思考[J].新课程，2022(21)：154-155.

[26] 马宏霞.转变思想，创新教学活动[J].知识窗（教师版），2021(09)：95.

[27] 邵建华.新时期家校社协同共育的现状及对策探析[J].黑龙江教师发展学院学报，2024，43(01)：117-120.

[28] 沈颖.小学道德与法治教学中融合安全教育的策略[J].智力，2023，(32)：120-123.

[29] 石筠.浅析高校思想政治教育在高职学生素质提升中的作用[J].轻纺工业与技术，2020，49(03)：104.

[30] 史万学.思想品德教育回归生活化的实践探究[J].名师在线，2022，(31)：37-39.

[31] 苏培园.小学道德教育与法治教育融合的教学策略[J].教学与管理，

2020(26)：43-45.

[32] 王竟蓉.优秀传统文化教育在小学道德与法治课程中的运用策略[J].吉林教育，2023(09)：52-54.

[33] 王楠.现代教育理念下高校思想政治理论课教学方法改革路向研究[J].中国军转民，2022(12)：74.

[34] 王世平.优化教学管理提高教育教学质量浅谈[J].家庭生活指南，2018(10)：150.

[35] 韦文东.中华优秀传统文化与小学道德与法治课程的融合研究[J].智力，2023(34)：123.

[36] 闫鬻之.大学生思想政治教育微载体效用研究[D].杭州：浙江大学，2022：49-70.

[37] 杨哲，吕伟波.高校思想政治教育模式发展与创新研究——评《思想政治教育原理与方法》[J].人民长江，2023，54(11)：258.

[38] 赵统飞，樊继学.信息化环境下小学语文高效课堂教学策略探究[J].中小学电教，2024(Z1)：58-60.

[39] 房淑杰，冯中鹏.德育：永不缺失的教育[M].银川：阳光出版社，2018

[40] 林育敬.当前中学德育面临的挑战与创新[J].新课程导学，2017(36)：9.

[41] 甄玉金，彭志远.新编实用法律词典[M].北京：中国检察出版社，1998：36.

[42] 杨焱勋，牛金榜.高校学生管理工作中激励效应的应用略论[J].才

智，2022(16)：158.

[43] 马建. 正确认识爱国主义教育的本质[J]. 中国高教研究，2000(04)：7-8.